O CHALET DA MEMÓRIA

Título original:
The Memory Chalet

Copyright © The Estate of Tony Judt, 2010
Todos os direitos reservados

Tradução: Pedro Bernardo

Revisão: Jorge Palinhos

Capa: FBA
© Corbis / VMI

Depósito Legal nº 335021/11

Biblioteca Nacional de Portugal – Catalogação na Publicação

JUDT, Tony, 1948-2010

O chalet da memória. – (Extra-coleção)
ISBN 978-972-44-1663-2

CDU   929Judt,Tony
       94Judt,Tony
       821.111-94"19/20"

Paginação:
MJA

Impressão e acabamento:
GRÁFICA DE COIMBRA, LDA.
para
EDIÇÕES 70, LDA.
Outubro de 2011

Direitos reservados para Portugal e países africanos
de língua oficial portuguesa

EDIÇÕES 70, Lda.
Rua Luciano Cordeiro, 123 – 1º Esqº – 1069-157 Lisboa / Portugal
Telefs.: 213190240 – Fax: 213190249
e-mail: geral@edicoes70.pt

www.edicoes70.pt

Esta obra está protegida pela lei. Não pode ser reproduzida,
no todo ou em parte, qualquer que seja o modo utilizado,
incluindo fotocópia e xerocópia, sem prévia autorização do Editor.
Qualquer transgressão à lei dos Direitos de Autor será passível
de procedimento judicial.

TONY JUDT
O CHALET DA MEMÓRIA

ÍNDICE

Prefácio 9

I – O *Chalet* da Memória 11

II – Noite 23

PARTE I

III – Austeridade 31

IV – Comida 39

V – Carros 47

VI – Putney 55

VII – O Autocarro da Linha Verde 63

VIII – Desejo Mimético 71

IX – O *Lord Warden* 79

PARTE II

X – Joe 89

XI – *Kibbutz* 97

XII – *Bedder* 105

XIII – Paris foi Ontem. 113

XIV – Revolucionários 121

XV – Trabalho 129

XVI – Meritocratas 137

XVII – Palavras 149

PARTE III

XVIII – Vai para Oeste, Jovem Judt. 159

XIX – Crise de Meia Idade 167

XX – Mentes Cativas 175

XXI – Raparigas, Raparigas, Raparigas 183

XXII – Nova Iorque, Nova Iorque 191

XXIII – Gente nas Franjas 199

XXIV – Toni 207

ESTÂNCIA FINAL

XXV – Montanhas Mágicas 217

PREFÁCIO

Os ensaios que figuram neste livrinho nunca foram escritos para publicação. Comecei a escrevê-los para minha própria satisfação – e encorajado por Timothy Garton Ash, que me instou a aproveitar a cada vez maior referência interna dos meus pensamentos. Creio que não fazia ideia daquilo em que me iria meter e estou grato ao Tim pelo apoio confiante aos primeiros rabiscos que dali resultaram.

Quando ia sensivelmente a meio da escrita destes *feuilletons*, mostrei um ou dois aos meus agentes da Wylie Agency, bem como a Robert Silvers, da *New York Review of Books*, e fiquei motivado com o seu entusiasmo. Todavia, isto suscitava-me uma questão ética. Porque não os tinha escrito tendo em vista a publicação imediata, estes pequenos textos nunca beneficiaram do trabalho de um editor interno – ou, mais exatamente, de um censor particular. Onde se falava dos meus pais ou da minha infância, de ex-mulheres ou de atuais colegas, deixei que falassem. Isto tem o mérito da franqueza; espero que não ofenda.

Não alterei nem reescrevi nenhum dos textos originais, escritos com a ajuda e colaboração do meu colega de longa data Eugene Rusyn. Ao relê-los, percebo que fui muito sincero e por vezes até crítico daqueles que amo, enquanto na maioria das vezes me mantive judiciosamente em silêncio relativamente a pessoas por quem não tenho afeição. Assim deve ser, sem dúvida. Espero que os meus pais, a minha mulher e, acima de tudo, os meus filhos possam ler nestes exercícios mais uma prova do meu duradouro amor por eles.

I

O *CHALET* DA MEMÓRIA

Para mim, a palavra «*chalet*» evoca uma imagem muito característica. Traz-me à memória uma pequena *pensione*, um hotel de família na vila antiquada de Chesières, no sopé da abastada região de esqui de Villars, na Suíça francófona. Devemos ter lá passado umas férias de inverno em 1957 ou 1958. O esqui – ou, no meu caso, o trenó – não deve ter sido muito memorável: só me lembro que os meus pais e o meu tio costumavam ir penosamente a pé pela ponte para peões, gelada, até aos teleféricos, passando ali os dias, mas renunciando aos prazeres do *aprés-ski* em troca de uma noite sossegada no *chalet*.

Para mim, isto fora sempre a melhor parte das férias de inverno: a repetitiva diversão na neve, trocada ao entardecer por cadeirões, vinho quente, comida farta do campo e longos serões a descontrair entre estranhos. E que estranhos! A curiosidade da pequena *pensione* em Chesières consistia na sua aparente atração para atores britânicos empobrecidos, que ali faziam férias, na sombra distante e indiferente dos seus colegas mais bem--sucedidos mais acima na montanha.

Na segunda noite que ali passámos, a sala de jantar foi agraciada com uma série de epítetos sexuais que fizeram com que a minha mãe se levantasse. Embora não estranhasse os palavrões – fora criada mesmo junto às docas –, ela fizera a aprendizagem da sua ascensão social no limbo bem educado dos cabeleireiros de senhora e não fazia tenções de expor a família a tais obscenidades.

A Sr.ª Judt foi direita à mesa que praguejava e pediu-lhes que parassem: havia crianças na sala. Como a minha irmã ainda não tinha 18 meses e eu era a única outra criança no hotel, o pedido foi feito, presumivelmente, para meu benefício. Os jovens atores – e desempregados, vim a saber mais tarde – responsáveis pela agitação pediram desculpas de imediato e convidaram-nos a juntarmo-nos a eles para a sobremesa.

Eram um grupo maravilhoso, e ainda mais para um miúdo de dez anos no meio deles, que tudo via (e tudo ouvia). Na altura eram todos desconhecidos, embora alguns viessem a ter um futuro ilustre: Alan Badel, que ainda não era um eminente ator de Shakespeare com uma filmografia respeitável (*O Dia do Chacal*); mas, essencialmente, a irresistível Rachel Roberts, que em breve se tornaria a icónica mulher trabalhadora e desiludida do cinema britânico do pós-guerra (*Saturday Night and Saturday Morning, This Sporting Life, O Lucky Man!*). Foi ela quem me acolheu, pronunciando imprecações irrepetíveis numa voz de barítono cheia de *whisky* que poucas ilusões me deixou quanto ao seu futuro, ainda que causasse alguma confusão sobre o meu. Durante essas férias, ela ensinou-me póquer, vários truques de cartas e mais palavrões do que me consigo esquecer.

Talvez por esta razão, na minha memória o pequeno hotel suíço na rua principal de Chesières tem um lugar mais querido e profundo do que qualquer outra construção de madeira do género onde tenha dormido nestes anos. Só lá ficámos uns dez dias, e regressei apenas numa breve ocasião. Mas ainda hoje consigo descrever o estilo intimista do local.

Havia poucas excrescências de luxo: entrava-se por um mezanino, que separava a pequena cave dos escritórios do piso principal – a finalidade deste mezanino era separar a imensa parafernália de desportos de ar livre (esqui, botas, *batons*, casacos, trenós, etc.) do ambiente mais acolhedor e sério das salas públicas. Estas, de ambos os lados do balcão da receção, tinham janelas amplas, convidativas, que davam para a estrada principal da vila e para as cordilheiras escarpadas que a rodeavam. Por seu turno, atrás das salas públicas ficavam as cozinhas e outras zonas de serviço, obscurecidas por uma escada ampla e invulgarmente íngreme que dava para o piso dos quartos. Este dividia-se, de modo elegante e com simplicidade, e quiçá intencionalmente, em aposentos bem mobilados para a esquerda, e, mais adiante, em quartos mais pequenos, de *single*, sem água corrente, que por seu lado davam para um lanço estreito de escadas que culminava num sótão reservado para os empregados (exceto na época alta). Não os contei, mas duvido que houvesse mais de 12 quartos para alugar, além das três áreas públicas e espaços comuns que os rodeavam. Era um pequeno hotel, para famílias pequenas e de meios modestos, situado numa vila despretensiosa sem outras ambições que não a sua condição geográfica na vida. Na Suíça deveria haver hotéis destes aos milhares.

A não ser como lembrança agradável de gratas memórias, duvido que nos 50 anos seguintes alguma vez tenha pensado no *chalet* de Chesières. E, contudo, quando me diagnosticaram a esclerose lateral amiotrópica (ELA), em 2008, e logo percebi que muito provavelmente nunca mais iria viajar – aliás, muita sorte teria se pudesse até escrever sobre as minhas viagens – foi o hotel de Chesières que logo me veio à ideia. Porquê?

A qualidade notável desta doença neurodegenerativa é que permite que a mente possa refletir sobre o passado, o presente e o futuro, mas gradualmente nos vai privando de qualquer forma de converter essas reflexões em palavras. Primeiro, deixamos de conseguir escrever sozinhos, o que requer um assistente ou uma máquina para registar os nossos pensamentos. Depois, falham-nos as pernas e já não podemos absorver novas experiências, exceto à custa de uma complexidade logística tal que a mera mobilidade se torna objeto de atenção, em vez dos benefícios que a própria mobilidade confere.

Em seguida, começamos perder a voz: não apenas no sentido metafórico de ter de falar através de vários intermediários, humanos ou mecânicos, mas literalmente, pois os músculos do diafragma já não conseguem bombear ar suficiente para as cordas vocais para que estas tenham a pressão necessária para se pronunciar um som que se oiça. Nesta altura, já estamos quase quadriplégicos e condenados a longas horas de silenciosa imobilidade, estejamos ou não na presença de terceiros.

Para quem quer continuar a ser um comunicador de palavras e conceitos, isto coloca um desafio invulgar. Foi-se o bloco de notas e o lápis, agora inúteis. Foi-se o passeio refrescante pelo parque ou o exercício no ginásio, onde as ideias e as sequências se encaixam como que por seleção natural. Foi-se, também, qualquer conversa produtiva com amigos próximos – mesmo na fase intermédia do declínio da ELA, a vítima está geralmente a pensar muito mais depressa do que consegue formar palavras, pelo que a própria conversa se torna parcial, frustrante, e, em última análise, em vão.

Creio que dei com a resposta a este dilema quase por acaso. Já doente há uns meses, percebi que, durante a noite, escrevia histórias completas na minha cabeça. Não há dúvida de que procurava o esquecimento, e trocava a contagem de carneiros pela complexidade narrativa, com o mesmo efeito. Mas durante estes pequenos exercícios, percebi que estava a reconstruir – como se fossem legos – segmentos entrelaçados do meu próprio passado que antes nunca pensara que estivessem relacionados. Em si mesmo, isto não era grande feito: os fluxos de consciência que me levavam de um motor a vapor para a minha aula de alemão, das linhas de autocarro cuidadosamente traçadas de Londres à história do planeamento urbano do período entre guerras, eram suficientemente fáceis de lavrar e, por isso, seguiam em todo o tipo de direções interessantes. Mas como conseguiria eu recuperar no dia seguinte esses sulcos meio enterrados?

Foi aqui que as reminiscências nostálgicas de dias mais felizes passados em aldeias acolhedoras da Europa Central começaram a desempenhar um papel mais prático. Há muito que me fascinavam os artifícios mnemónicos que os primeiros pensadores e viajantes modernos usavam para guardar e relembrar pormenores e descrições: estão belissimamente retratados nos ensaios renascentistas de Frances Yates – e, mais recentemente, na narrativa de Jonathan Spence de um viajante italiano à China medieval, *The Memory Palace of Matteo Ricci*.

Estes candidatos a memorizadores não construíram meras hospedarias ou residências onde albergar o seu conhecimento: construíram *palácios*. No entanto, eu não desejava construir palácios na minha mente. A coisa sempre se me afigurara algo extravagante: do Hampton Court de Wolsey à Versalhes de Luís XIV, estas extravagâncias destinavam-se mais a impressionar do que a servir. A possibilidade de eu, nas minhas noites calmas e silenciosas, imaginar um tal palácio da memória era completamente irrealista. Mas, se não um palácio da memória, porque não um *chalet* da memória?

A vantagem do *chalet* consistia não só no facto de eu poder imaginá-lo com bastante detalhe e realismo – do trilho de neve na porta de entrada à janela interior que protegia dos ventos de Valaison –, mas de ser um lugar que eu quereria voltar a visitar, uma e outra vez. Para que um palácio da memória funcione como armazém de reminiscências infinitamente reorganizadas e reagrupadas, tem de ser um edifício extraordinariamente convidativo, nem que seja para uma só pessoa. Todas as noites, durante dias, semanas, meses, e agora há mais de um ano, regressei àquele *chalet*. Passei pelos corredores pequenos que me eram familiares, com os degraus de pedra gastos, e sentei-me num ou dois, talvez três cadeirões – que, convenientemente, ninguém ocupava. Então, com o desejo a gerar o pensamento com razoável fiabilidade, evoquei, descortinei, e ordenei uma história ou um argumento ou um exemplo que tenciono usar em algo que escreva no dia seguinte.

O quê, então? É aqui que o *chalet* se transforma de mnemónica que desencadeia algo em artifício de armazenamento. Logo que sei vagamente o que quero dizer e a sequência em que melhor o digo, levanto-me do cadeirão e volto à porta do próprio *chalet*. Daqui reconstituo os meus passos, geralmente do primeiro armário – para os esquis, digamos – para espaços cada vez mais substanciais: o bar, a sala de jantar, o átrio, o chaveiro de madeira antiquado pregado por baixo do relógio de cuco, a coleção de livros assaz aleatória espalhada pela escada das traseiras, e daí para qualquer um dos quartos. A cada um destes locais foi atribuído, digamos assim, um ponto de marcação na narrativa, ou talvez um exemplo ilustrativo.

O sistema está longe de ser perfeito. Persistem as sobreposições e tenho de ter a certeza de que, a cada novo conto, há que estabelecer um roteiro bastante diferente, sob pena de se o confundir com características semelhantes de um antecessor recente. Assim, apesar das primeiras impressões, não é prudente associar todas as questões de nutrição a um quarto, ou a sedução e o sexo a outro, o intercâmbio intelectual a um terceiro. É melhor confiarmos numa microgeografia (esta gaveta segue-se àquele armário naquela parede) do que na lógica da mobília mental convencional de que dependemos.

Estou impressionado com a frequência com que as pessoas comentam a dificuldade intrínseca que julgam ter para ordenar *espacialmente* os seus pensamento, para que os possam recuperar algumas horas depois. Eu, é certo que no âmbito dos constrangimentos invulgares do meu cativeiro físico, passei a achar que é dos mecanismos mais fáceis – quase demasiado mecânico, tal a forma como me convida a dispor exemplos e sequências e paradoxos de modo ordeiro, que podem reordenar, enganadoramente, aquela confusão original e muito mais sugestiva de impressões e reminiscências.

Interrogo-me se não ajuda o facto de ser homem: o tipo de homem convencional que é geralmente melhor a estacionar e a recordar-se de disposições espaciais do que o tipo de mulher convencional que se sai melhor em testes que exijam lembrarmo-nos de pessoas e impressões? Quando era miúdo, nas festas fazia um número que consistia em passar um carrinho, num mapa, através de uma cidade estranha cujas configurações eu só estudara uma vez, e mesmo assim por breves instantes. Pelo contrário, era e continuo a ser uma nódoa naquele que é o principal requisito de um político ambicioso:

a capacidade de circular por uma festa recordando as ligações e os preconceitos políticos de todos os presentes, antes de se despedir deles pelo nome próprio. Deve haver um artifício mnemónico para isto, também, mas nunca dei com ele.

Na altura em que escrevo (maio de 2010), desde que a minha doença se manifestou completei um pequeno livro político(*), uma palestra pública, uns cerca de 20 *feuilletons* que refletem a minha vida e um conjunto considerável de entrevistas que visam o estudo em ampla escala do século xx. Todos eles se baseiam em pouco mais do que visitas noturnas ao meu *chalet* da memória e a esforços posteriores para voltar a captar, em sequência e detalhe, o conteúdo dessas visitas. Algumas olham para dentro – começando com uma casa ou um autocarro ou um homem; outras para fora, cobrindo décadas de observação política e envolvimento e continentes de viagem, ensino e comentário.

É certo que houve noites em que me sentei, confortável quanto baste, em frente a Rachel Roberts ou apenas frente a um espaço vazio: as pessoas e os lugares entraram, para logo saírem novamente. Nestas ocasiões improdutivas não me detenho muito tempo. Retiro-me para a velha porta de madeira da frente, passo por ela em direção à montanha do Oberland bernense – vergando a geografia à vontade da associação infantil – e sento-me, algo resmungão, num banco. Aqui passo as horas, transformado de ouvinte com sentimento de culpa por estar encantado por Rachel Roberts no avô introvertido e carrancudo da Heidi, de um sono vigilante a uma consciência sonolenta, antes de acordar e me dar conta, irritado,

---

(*) *Um Tratado sobre os Nossos Actuais Descontentamentos*, publicado por Edições 70 em 2010 (*N. T.*)

de que nada consegui criar, guardar e recordar dos meus esforços da noite anterior.

As noites pouco produtivas são quase fisicamente frustantes. É certo que podemos dizer para connosco, ora, devias estar orgulhoso por teres mantido a tua sanidade mental – onde está escrito que, além disso, também tinhas de ser produtivo? E, contudo, sinto uma certa culpa por me ter submetido tão prontamente ao destino. Dadas as circunstâncias, quem poderia fazer melhor? A resposta, evidentemente, é «um eu melhor», e é surpreendente quantas vezes pedimos para ser uma versão melhor do nosso eu atual – sabendo perfeitamente quão difícil foi chegar até aqui.

Não levo a mal esta partida em particular que a consciência nos prega. Mas ela abre a noite aos riscos do lado negro; e estes não devem ser subestimados. O avô carrancudo, que franze o sobrolho a todos os que chegam, não é um homem feliz: a sua disposição sombria só por vezes é desfeita por noites passadas a abastecer armários e gavetas, prateleiras e corredores com o produto secundário da memória recuperada.

Note-se que o avô carrancudo, o meu *alter ego* perpetuamente insatisfeito, não se limita a sentar-se à porta de um *chalet*, frustrado nos seus intentos. Está ali sentado a fumar *gitanes*, a embalar um copo de *whisky*, a folhear as páginas de um jornal, percorrendo despreocupadamente as ruas cobertas de neve, a assobiar, nostálgico – e comportando-se geralmente como um homem livre. Há noites em que isto é tudo o que consegue. Uma lembrança pungente da perda? Ou apenas o consolo de um cigarro lembrado.

Mas outras noites há em que passo por ele: tudo funciona. Os rostos regressam, os exemplos adequam-se, as fotografias de tom sépia ganham vida, «tudo se liga» e em poucos minutos tenho a minha história, as minhas personagens, ilustrações e moral. O avô carrancudo e as suas lembranças irritadas do mundo que perdi é como se nada pesassem: o passado rodeia-me e tenho o que preciso.

Mas que passado? As pequenas histórias que tomam forma na minha cabeça quando estou deitado, todo coberto, com uma disposição soturna, são totalmente diferente de tudo o que já escrevi. Mesmo por causa das exigências ultrarracionais da minha profissão, fui sempre um «raciocinador»: de todos os chavões sobre a «História», o que mais me agradava era o que dizia que não passávamos de filósofos que ensinavam com exemplos. Ainda julgo que isto é verdade, embora agora dê por mim a fazê-lo por via marcadamente indireta.

Em tempos idos, podia-me ter imaginado como um Gepetto literário, a construir pequenos Pinóquios de asserção e prova, que ganhavam vida pela plausibilidade da sua construção lógica e que diziam a verdade em virtude da necessária honestidade das suas partes separadas. Mas os meus últimos textos têm uma qualidade muito mais *indutiva*. O seu valor assenta num efeito essencialmente impressionista: o êxito com que relacionei e entrelacei o privado e o público, o exposto e o intuído, o relembrado e o sentido.

Não sei que tipo de género isto é. Sei que os rapazinhos de madeira que daí resultam me parecem mais vagamente articulados e todavia mais humanos do que os seus antepassados construídos mais dedutivamente e rigorosamente preconcebidos. Numa forma mais polémica – «Austeridade», talvez – parecem-me recordar, sem querer, os *feuilletons* há muito esquecidos da Viena de Karl Kraus: alusivos, sugestivos, quase demasiado ligeiros para o seu conteúdo urgente. Mas outros – numa veia mais afetuosa, que evoca «Comida», ou talvez «Putney» – servem o propósito contrário. Ao evitarem as abstrações intensas tão familiares da prosa dos narradores que «procuram a identidade», podem acabar por descobrir precisamente esses contornos tão enterrados sem afirmar querer fazê-lo.

Ao reler estes *feuilletons*, creio que me impressiona o homem que nunca me tornei. Há muitas décadas, fui aconselhado a estudar literatura; a história, foi-me dito por um mestre-escola muito sábio, apelaria demasiado ao cerne dos meus instintos – permitindo-me fazer o que fosse mais fácil. A literatura – e a poesia em particular – obrigar-me-ia a descobrir em mim palavras e estilos desconhecidos com os quais ainda poderia descobrir alguma afinidade. Não posso dizer que esteja arrependido de não ter seguido o conselho: os meus hábitos intelectuais conservadores serviram-me bem. Mas penso, de facto, que algo se perdeu.

Assim, percebo que, em criança, observava mais do que percebia. Talvez todas as crianças o façam, e nesse caso o que me distingue é apenas a oportunidade que uma saúde catastrófica me proporcionou para recuperar essas observações de modo consistente. E, contudo, interrogo-me. Quando as pessoas me perguntam «Mas como é que se lembra do *cheiro* do autocarro da Linha Verde?», ou «O que há nos pormenores dos hotéis de campo franceses para que lhe tenham ficado na memória?», a implicação é que já estaria em construção um qualquer tipo de pequenos *chalets* da memória.

Nada disso. Eu apenas vivi aquele passado infantil, relacionando-o mais, talvez, com outros momentos do que a maioria das crianças está disposta a fazer, mas nunca o reposicionando de modo imaginativo na minha memória para uso futuro. É verdade que era uma criança solitária e que guardava os meus pensamentos para com os seus botões. Mas isto não me torna diferente. Se em meses recentes a memória me vem tão facilmente, creio que é por uma razão diferente.

A vantagem da minha profissão é que se tem uma história na qual se podem inserir exemplos, pormenores, ilustrações. Como historiador do mundo do pós-guerra que rememora em introspeção silenciosa os detalhes da própria vida à medida que a vivi, tenho a vantagem de uma narrativa que simultaneamente relaciona e embeleza reminiscências que de outro modo estariam desconexas. Para ser franco, o que me distingue de muitos outros que – como a minha correspondência recente indica – têm memórias comparáveis é que eu tenho uma variedade de usos que lhes posso dar. Só por isto, considero-me um homem de sorte.

Poder-se-ia julgar o cúmulo do mau gosto atribuir boa sorte a um homem saudável, com uma família jovem, acometido aos 60 anos por uma doença degenerativa incurável, da qual em breve irá morrer. Mas há mais do que um tipo de sorte. Sermos vítimas de uma doença neuromotora é certamente ter ofendido Deus a determinada altura, e nada mais há a dizer. Mas se temos de sofrer assim, é melhor ter uma cabeça bem apetrechada: cheia de reminiscências utilizáveis, recicláveis e multiusos, facilmente acessíveis a uma mente de pendor analítico. Só faltava um armário para arrumação. Que eu tenha tido a fortuna de também descobrir isto entre as tralhas de uma vida, parece-me muito próximo da boa sorte. Espero ter-lhe dado algum uso.

Tony Judt
Nova Iorque
Maio de 2010

II

NOITE

Sofro de uma doença motora neurológica, no meu caso, uma variante de esclerose lateral amiotrópica (ELA): a doença de Lou Gehrig. As doenças motoras neurológicas não são raras: a doença de Parkinson, a esclerose múltipla e uma série de outras doenças menores, todas se inserem nesta designação. O que é característico da ELA – a menos comum desta família de doenças neuromusculares – é que, primeiro, não há perda de sensação (uma benção dúbia) e, segundo, não há dor. Ao contrário de quase todas as outras doenças mais graves ou mortais, ficamos livres para contemplar à vontade, e com um desconforto mínimo, a progressão catastrófica da nossa própria deterioração.

Com efeito, a ELA constitui uma prisão progressiva sem fala. Primeiro, perde-se o uso de um ou dois dedos; depois, um membro; depois, e quase inevitavelmente, os quatro. Os músculos do tronco definham quase ao ponto do torpor, um problema concreto do ponto de vista digestivo mas que também põe a vida em risco, pois respirar torna-se a princípio difícil e, com o tempo, impossível sem ajuda externa, na forma de um aparelho com bomba de ar e tubo. Nas variantes mais extremas da doença, a par da disfunção dos neurónios motores superiores (o resto do corpo é conduzido pelos chamados neurónios motores inferiores), torna-se impossível engolir, falar e até controlar o maxilar e a cabeça. Não sofro (ainda) deste aspeto da doença, caso contrário não conseguiria ditar este texto.

No meu atual estado de declínio, na prática estou quase quadriplégico. Com um esforço extraordinário, consigo mexer um pouco a mão direita e aproximar o meu braço esquerdo quase 20 centímetros do meu peito. As minhas pernas, embora fiquem retesadas o tempo suficiente para que uma enfermeira me mude de uma cadeira para outra, não suportam o meu peso e já só tenho movimento autónomo numa delas. Assim, quando braços e pernas ficam em determinada posição, ali ficam até que alguém mos mexa. O mesmo acontece com o tronco, o que faz com que a dor nas costas resultante da inércia e da pressão seja uma irritação constante. Não podendo usar os braços, não posso coçar uma comichão, ajustar os óculos, tirar bocados de comida dos dentes ou seja o que for que – como um momento de reflexão confirmará – todos fazemos dezenas de vezes por dia. No mínimo, estou completamente dependente da bondade de estranhos (e quem quer que seja).

Durante o dia ainda posso pedir que me cocem, me ajeitem, uma bebida, ou, simplesmente, o reposicionamento gratuito dos meus membros – pois a imobilidade forçada durante horas a fio não só é fisicamente desconfortável como psicologicamente roça o intolerável. Não é que se perca a vontade de nos coçarmos, de nos dobrarmos ou deitar ou correr ou mesmo fazer exercício. Mas quando a vontade assoma não há nada – nada – que se possa fazer, exceto procurar um minúsculo substituto ou, então, descobrir forma de suprimir o pensamento e o músculo da memória que o acompanha.

Mas então cai a noite. Adio deitar-me até ao último momento possível e compatível com a necessidade de a minha enfermeira ter de dormir. Depois de me terem «preparado» para a cama, levam-me para o quarto na cadeira de rodas onde passei as últimas 18 horas. Com alguma dificuldade (apesar da minha baixa estatura, massa e constituição, ainda represento um peso morto substancial para levantar, mesmo para um homem forte), levam-me até ao meu catre. Sentam-me direito, num ângulo de cerca de 110 graus, e encaixam-me no sítio com toalhas dobradas e almofadas, com a minha perna esquerda virada para fora, como no *ballet*, para compensar a sua propensão para descair para o lado de dentro. Este processo requer bastante concentração. Se deixo um membro esquecido ficar mal posto, ou se não insistir para que me alinhem a barriga cuidadosamente com as pernas e a cabeça, mais tarde, durante a noite, sofro as agonias dos danados.

Então, tapam-me, com as mãos por fora dos cobertores, para me dar a ilusão de mobilidade; mas mesmo assim tapadas – como o resto de mim – pois sofrem agora de uma sensação permanente de frio. Coçam-me uma última vez em qualquer um dos vários pontos que me fazem comichão, do cabelo aos pés. O aparelho de respiração no meu nariz é ajustado e apertado de tal forma para que não caia durante a noite; tiram-me os óculos... e ali fico: enfaixado, míope, imóvel, como uma múmia moderna, sozinho na minha prisão corpórea, acompanhado o resto da noite apenas pelos meus pensamentos.

É claro que posso pedir ajuda se precisar. Como não posso mexer um músculo, exceto no pescoço e na cabeça, o meu instrumento de comunicação é um intercomunicador de bebé à cabeceira, que ali fica permanentemente ligado de forma a que um mero chamamento meu traga ajuda. Nas fases iniciais da doença, a tentação de pedir ajuda era quase irresistível: cada músculo tinha necessidade de se mover, cada centímetro de pele de ser coçado, a minha bexiga descobria formas misteriosas de se encher durante a noite e, com isso, precisava de se aliviar, e em geral eu sentia uma necessidade desesperada da tranquilidade da luz, de companhia e do conforto simples da conversa humana. Nesta altura, contudo, já aprendi a esquecer-me disto na maioria das noites, e encontro consolo e remédio nos meus próprios pensamentos.

Isto, pensei para comigo, não é feito de somenos. Pergunte a si mesmo quantas vezes se mexe durante a noite. Não me refiro a mudar de sítio (por exemplo, ir à casa de banho, mas isso também): apenas quantas vezes muda de posição a mão, o pé; quantas vezes coça diversas partes do corpo antes de adormecer; quantas vezes é que, sem se dar conta, muda de posição ligeiramente, para descobrir uma mais confortável. Imagine, por instantes, que em vez disso fora obrigado a ficar deitado de costas e absolutamente imóvel – não é, de todo, a melhor posição para dormir, mas é a única que suporto – durante sete horas ininterruptas e obrigado a imaginar formas de tornar este calvário suportável, não só por uma noite mas até ao fim da vida.

A minha solução tem sido percorrer a minha vida, os meus pensamentos, as minhas fantasias, as minhas memórias, evocações e coisas do género até deparar com acontecimentos, pessoas ou narrativas que possa usar para desviar a minha mente do corpo em que está encerrado. Estes exercícios mentais têm de ser suficientemente interessantes para cativar a minha atenção e fazer-me suportar uma comichão insuportável no ouvido ou no fundo das costas; mas também têm de ser suficientemente chatos e previsíveis para servir como prelúdio fiável e encorajamento para dormir. Levei algum tempo a identificar este processo como alternativa exequível à insónia e ao desconforto físico, e ele não é, de todo, infalível. Mas, quando penso no assunto, fico por vezes espantado como quão prontamente pareço ir passando, noite após noite, semana após semana, mês após mês, o que em tempos era uma provação noturna insuportável. Acordo exatamente na posição, disposição e estado de desespero suspenso com que me fui deitar – o que, dadas as circunstâncias, pode ser considerado um feito de monta.

Esta existência de barata é cumulativamente intolerável, mesmo que numa noite qualquer ela seja suportável. «Barata» é, evidentemente, uma alusão à *Metamorfose* de Kafka, em que o protagonista acorda uma manhã, para descobrir que fora transformado num inseto. O ponto da história é tanto as reações e a incompreensão da família como o relato das suas próprias sensações, e é difícil resistir à ideia de que mesmo o mais bem intencionado, atencioso e generoso dos amigos ou familiares não pode compreender a sensação de isolamento e encarceramento que esta doença impõe às suas vítimas – imagine ou lembre-se de uma ocasião em que tenha caído ou precisado do auxílio físico de estranhos. Imagine a reação da mente ao saber que a impotência peculiarmente humilhante da ELA é uma sentença para toda a vida (falamos despreocupadamente em sentença de morte neste caso, mas esta, na verdade, seria um alívio).

A manhã traz algum alívio, embora seja sintomático da viagem solitária durante a noite que a perspetiva de ser transferido para uma cadeira de rodas para o resto do dia nos anime! Ter algo para fazer, no meu caso algo puramente cerebral e verbal, é uma diversão salutar – mesmo que seja no sentido quase literal de facultar uma ocasião para comunicar com o mundo exterior e expressar por palavras, por vezes palavras iradas, as irritações acumuladas e a frustração da inação física.

A melhor forma de sobreviver à noite seria tratá-la como o dia. Se pudesse descobrir gente que não tivesse nada melhor para fazer do que falar comigo toda a noite sobre algo suficientemente divertido para nos manter acordados, iria à sua procura. Mas nesta doença estamos sempre cientes da necessária *normalidade* da vida das outras pessoas: da sua necessidade de exercício, entretenimento e sono. E, assim, aparentemente as minhas noites parecem-se com as de outras pessoas. Preparo-me para me deitar; vou-me deitar; levanto-me (ou melhor, levantam-me). Mas o ponto intermédio é, como a própria doença, incomunicável.

Suponho que deveria estar pelo menos ligeiramente satisfeito por ter descoberto em mim esta espécie de mecanismo de sobrevivência sobre o qual a maioria das pessoas normais só lê em relatos de desastres naturais ou celas de isolamento. E é verdade que esta doença tem a sua dimensão capacitadora: graças à minha incapacidade para tomar notas ou prepará-las, a minha memória – já de si bastante boa – melhorou consideravelmente, com a ajuda de técnicas adaptadas do «palácio da memória» tão intrigantemente descrito por Jonathan Spence. Mas as satisfações de compensação são manifestamente fugazes. Não há redenção em estar-se confinado a um fato de ferro, frio e impiedoso. Os prazeres da agilidade mental são demasiadamente referidos, inevitavelmente – como agora me parece –, por aqueles que não dependem deles exclusivamente. Quase o mesmo se poderia dizer dos encorajamentos bem intencionados para descobrir compensações não físicas para a inadequação física. Seria uma futilidade. Perda é perda, e nada se ganha em chamar-se-lhe um nome mais bonito. As minhas noites são intrigantes; mas passava bem sem elas.

Parte I

III

AUSTERIDADE

Com toda a seriedade, a minha mulher diz aos restaurantes chineses para entregarem a comida em caixas de cartão. Os meus filhos têm um conhecimento das alterações climáticas capaz de deprimir qualquer um. Somos uma família ecológica: pelos padrões deles, sou uma relíquia antediluviana de uma era de inocência ambiental. Mas quem é que anda pelo apartamento a apagar as luzes e a ver as torneiras que pingam? Quem é que, numa era de substituição instantânea, ainda prefere remediar-e-reparar? Quem é que recicla os restos de comida e guarda papel de embrulho usado? Os meus filhos dão um toque cúmplice, com o cotovelo, aos amigos: o pai cresceu na pobreza. Nada disso, corrigi-os: cresci na austeridade.

Depois da guerra, havia escassez de tudo. Para derrotar Hitler, Churchill hipotecara a Grã-Bretanha e arruinara o tesouro. Até 1949, as roupas foram racionadas, a «mobília utilitária», barata e simples, até 1952, e a comida até 1954. As regras foram suspensas por um curto período, para a coroação de Isabel II, em junho de 1953; foi permitido a toda a gente mais 450 gramas de açúcar e 800 gramas de margarina. Mas este exercício de generosidade superrogatória apenas servia para vincar o regime lúgubre da vida quotidiana.

Para um miúdo, o racionamento fazia parte da ordem natural das coisas. Aliás, muito depois de a prática já ter acabado, a minha mãe convenceu-me de que os «doces» (rebuçados) ainda eram racionados. Quando protestei que os meus colegas na escola pareciam ter acesso ilimitado à coisa, ela explicou-me, em tom de reprovação, que os pais deles deviam comprá-los no mercado negro. A história dela era tanto mais credível porque o legado da guerra estava sempre presente. Londres estava repleta de crateras de explosão de bombas: onde em tempos houvera casas, ruas, oficinas de caminho-de-ferro ou armazéns, havia agora vastas áreas de terra batida vedadas por cordas, geralmente com um buraco no meio, onde a bomba caíra. No início da década de 50 já se tinha recuperado quase todo o material explosivo e os locais onde as bombas haviam caído – embora ainda tivessem o acesso vedado – já não eram perigosos. Mas estes locais de brincadeira improvisados eram irrestíveis para os miúdos.

O racionamento e os subsídios significavam que as mais elementares necessidades da vida estavam acessíveis a todos. Cortesia do governo trabalhista do pós-guerra, as crianças tinham direito a um leque de produtos saudáveis: leite grátis, mas também sumo de laranja concentrado e óleo de fígado de bacalhau – que só se obtinha nas farmácias depois de nos identificarmos. O sumo de laranja vinha numas garrafas de vidro quadrangulares, como as dos remédios, e nunca deixei de fazer essa associação. Ainda hoje um copo cheio me causa um tormento de culpa sublimada: é melhor não beber tudo de uma vez. Sobre o óleo de fígado de bacalhau, que autoridades benevolentemente intrusivas instaram as donas de casa a comprar, quanto menos se disser, melhor.

Tivemos a sorte de conseguir arrendar um apartamento por cima do salão de cabeleireiro onde os meus pais trabalhavam, mas muitos dos meus amigos viviam em casas miseráveis ou temporárias. De 1954 até meados dos anos 60, todos os governos britânicos encetaram grandes projetos de habitação social: todos ficaram aquém das necessidades. No início da década de 50, milhares de londrinos ainda viviam em «pré-fabricados»: parques de caravanas para os que não tinham casa, aparentemente temporários, mas que na prática duravam anos.

As orientações do pós-guerra para a nova habitação eram minimalistas: as casas com três quartos e uma sala deviam ter pelo menos cerca de 85 metros quadrados de área útil – mais ou menos o tamanho de um T1 espaçoso em Manhattan, atualmente. Em retrospetiva, essas casas não parecem agora apenas acanhadas, mas também desagradáveis e pouco mobiladas. Na altura, havia listas de espera enormes: como eram propriedade das autarquias e geridas por estas, eram muito cobiçadas.

O ar sobre a capital parecia um dia mau em Pequim: o carvão era o combustível de eleição – barato, abundante e produzido em casa. O *smog* era um risco constante: lembro-me de me esticar para fora da janela do carro, com a cara envolta numa névoa amarela densa, a dar indicações ao meu pai sobre a distância do lancil – não se via, literalmente, cinco palmos à frente do nariz e o cheiro era medonho. Mas toda a gente se «desenrascava» o melhor que sabia: Dunquerque e o *Blitz* eram amiúde invocados, sem ironia, para ilustrar a coragem e capacidade dos londrinos de «aguentarem» – primeiro Hitler, e agora isto.

Na minha infância, a I Guerra Mundial era-me tão familiar como esta que agora acabava. Abundavam os veteranos, os memoriais e as invocações; mas o patriotismo ostensivo da belicosidade americana contemporânea estava completamente ausente. Também a guerra era austera: tive dois tios que lutaram no 8.º Exército de Montgomery, de África até Itália, e não havia nada de nostálgico nem triunfalista no que eles contavam sobre escassez, erro e incompetência. As músicas arrogantes que evocavam o império

> *Não queremos combatê-los, mas, por Jingo, se o fizermos*
> *temos os navios, temos os homens*
> *e temos o dinheiro também!*(*)

haviam sido substituídas pelo lamento radiofónico de Vera Lynn durante a guerra: *We'll meet again, don't know where, don't know when*(**). Mesmo no resplendor da vitória, as coisas nunca mais seriam as mesmas.

As referências reiteradas ao passado recente estabeleciam uma ponte entre a geração dos meus pais e a minha. O mundo da década de 30 ainda estava connosco: *O Caminho para Wigan Pier*, de George Orwell, *Angel Pavement*, de J. B. Priestley, e *The Grim Smile of the Five Towns*, de Arnold Bennett, todos falavam para uma Inglaterra que ainda estava bem presente. Para onde quer que se olhasse, havia alusões afetuosas à glória imperial – «perdera-se» a Índia alguns meses antes de eu nascer. As caixas de biscoitos, os estojos de lápis e as notícias no cinema lembravam-nos quem éramos e o que havíamos conseguido. «Nós» não é mera convenção gramatical: quando Humphrey Jennings produziu um documentário para celebrar o Festival da Grã-Bretanha de 1951, cha-

---

(*) «We don't want to fight them, but by Jingo if we do,/We've got the ships, we've got the men,/we've got the money too!» (*N.T.*)

(**) «Havemos de nos reencontrar, não sei onde, não sei quando.» (*N.E.*)

mou-lhe *Retrato de Família*. A família podia estar agora a viver tempos difíceis, mas estávamos todos no mesmo barco.

Foi este «estarmos todos no mesmo barco» que fez com que a escassez e o cinzentismo característicos da Grã-Bretanha do pós-guerra fossem suportáveis. É claro que não éramos *mesmo* uma família: se fôssemos, então eram os membros errados – como Orwell em tempos dissera – que continuavam a mandar. Ainda assim, desde a guerra que os ricos mantinham uma discrição prudente. Naqueles tempos havia muito poucos indícios de consumo ostentatório. Toda a gente tinha o mesmo aspeto e vestia-se com os mesmos materiais: estambre, flanela ou bombazina. As pessoas apresentavam-se em cores modestas – castanho, bege, cinzento – e viviam vidas surpreendentemente semelhantes. Nós, miúdos de escola, aceitávamos mais facilmente o uniforme porque os nossos pais também se apresentavam de indumentária comum. Em abril de 1947, o sempre irritável Cyril Connolly escreveu sobre as nossas «roupas desinteressantes, os nossos livros de racionamento e de histórias de crime. (…) Londres [é] agora a maior, a mais triste e a mais suja das cidades».

A Grã-Bretanha acabaria por sair da penúria do pós-guerra, ainda que com menos *panache* e autoconfiança do que os seus vizinhos europeus. Para alguém cuja memória não vá além do final dos anos 50, «austeridade» é uma abstração. O racionamento e as restrições haviam acabado, havia habitação: a tristeza característica da Grã-Bretanha do pós-guerra estava a desaparecer. Até o *smog* se ia reduzindo, agora que o carvão fora substituído pela eletricidade e pelo combustível barato.

Curiosamente, o cinema britânico escapista dos anos imediatamente após a guerra – *Spring in Park Lane* (1948) ou *Maytime in Mayfair* (1949), com Michael Wilding e Anna Neagle – fora substituído por obras «kitchen sink» (*) realistas, com protagonistas da classe operária desempenhados por Albert Finney ou Alan Bates e situados em ambientes industriais crus e realistas. Mas estes filmes passavam-se no Norte, onde a austeridade ainda permanecia. Vê-los em Londres era como rever a nossa própria infância, como que num desfasamento temporal: em 1957, o primeiro-ministro conservador Harold Macmillan podia garantir a quem o ouvia que a maioria «nunca estivera tão bem». Tinha razão.

Julgo que só muito recentemente pude apreciar o pleno impacto daqueles meus primeiros anos de infância. Em retrospetiva, do ponto de vista do presente, percebe-se mais claramente as virtudes daquela época despojada. Ninguém aplaudiria o seu regresso. Mas a austeridade não era apenas uma condição económica: ela aspirava a uma ética pública. Clement Attlee, o primeiro-ministro trabalhista de 1945 a 1951, emergira – tal como Harry Truman – de debaixo da sombra de um líder carismático em tempo de guerra e encarnava as expetivas reduzidas da altura.

Churchill, trocista, descreveu-o como um homem modesto «que tem muito de que ser modesto». Mas foi Attlee que presidiu à era de maiores reformas na história britânica moderna – comparável ao feito de Lyndon Johnson duas décadas mais tarde, mas em circunstâncias muito menos auspiciosas. Tal como Truman, Attlee vivia

---

(*) *Kitchen sink drama*, referência a um movimento cultural britânico da década de 50, início dos anos 60, que recorria ao realismo social. Os protagonistas eram, amiúde, gente revoltada da classe trabalhadora. (*N.T.*)

parcimoniosamente – e colheu escassos ganhos materiais de uma vida inteira de serviço público. Attlee foi um representante exemplar da grande era de reformadores eduardianos de classe média: moralmente sério e um tudo nada austero. Qual dos nossos dirigentes dos dias de hoje poderia dizer o mesmo – ou sequer percebê-lo?

A seriedade moral na vida pública é como a pornografia, difícil de descrever mas imediatamente identificável quando a vemos. Descreve uma coerência de intenção e de ação, uma ética de responsabilidade política. Toda a política é a arte do possível. Mas também a arte tem a sua ética. Se os políticos fossem pintores, tendo FDR(*) como Ticiano e Churchill como Rubens, então Attlee seria o Vermeer da profissão: preciso, contido – e durante muito tempo subvalorizado. Bill Clinton poderia aspirar à dimensão de Salvador Dali (e julgar-se elogiado pela comparação), Tony Blair à posição – e cupidez – de Damien Hirst.

Nas artes, a seriedade moral remete para uma economia da forma e contenção estética: o mundo de *Os Ladrões de Bicicletas*. Há pouco tempo, mostrei ao nosso filho de 12 anos o clássico de François Truffaut *Les Quatre Cents Coups* [*Os 400 Golpes* ou *Os Incompreendidos*]. Como ele pertence a uma geração criada com uma dieta de cinema de mensagem contemporânea, de *O Dia depois do Amanhã* a *Avatar*, ficou abismado: «É parco. Faz tanto com tão pouco». Precisamente. A riqueza de recursos que aplicamos ao entretenimento apenas serve para nos escudar da pobreza do produto; também assim é na política, onde o tagarelar constante e a retórica infindável disfarçam um vazio que apenas suscita o bocejo.

(*) Forma informal de designar Franklin Delano Roosevelt, 32º Presidente dos Estados Unidos da América, de 1933 a 1945 (*N.T.*)

O oposto de austeridade não é a prosperidade mas *luxe et volupté*. Ao propósito público substituímos o comércio sem fim, e dos nossos dirigentes não esperamos grandes aspirações. Sessenta anos depois de Churchill apenas poder oferecer «sangue, labor, lágrimas e suor», no rescaldo do 11 de Setembro o nosso próprio presidente em tempo de guerra – e apesar do moralismo exaltado do seu discurso – não se lembrou de nada mais do que pedir-nos que continuássemos a comprar. Esta visão empobrecida da comunidade – «o estarmos todos juntos» no consumo – é tudo o que merecemos dos que nos governam. Se queremos governantes melhores, temos de aprender a exigir mais deles e menos para nós próprios. Poderá ser necessária alguma austeridade.

IV

COMIDA

Só porque se cresceu com comida má, isso não significa que não se sinta alguma nostalgia por ela. A minha própria juventude gastronómica estava firmemente delimitada por tudo o que de menos inspirador havia na cozinha tradicional inglesa, mitigada por laivos de um cosmopolitismo continental episódico introduzido pelas memórias evanescentes de uma juventude belga do meu pai, entrecortada por evocações semanais de outro legado completamente diferente, os jantares do *sabbath* em casa dos meus avós judeus da Europa de Leste. Esta estranha mistura pouco fez para intensificar as minhas papilas gustativas – só quando vivi em França, como estudante de licenciatura, é que encontrei regularmente boa comida – mas isso aumentou ainda mais as confusões da minha identidade de juventude.

A minha mãe nasceu na parte menos judaica do velho East End londrino: no cruzamento entre Burdett Road e Commercial Road, uns quantos quarteirões a norte das docas de Londres. Esta infelicidade topográfica – ela sentiu-se sempre algo à parte da sua envolvente, que não tinha o meio intensamente judaico de Stepney Green, umas centenas de metros mais a norte – influenciou muitos outros aspetos curiosos da sua personalidade. Ao contrário do meu pai, por exemplo, a minha mãe tinha extremo respeito pelo rei e a rainha, e nos seus últimos anos estava sempre algo tentada a levantar-se durante o discurso da rainha na televisão. Era discreta, a ponto de ficar envergonhada da sua identidade judaica, em contraste com a qualidade iídiche, declarada e estranha, do resto da nossa família alargada. E, num tributo invertido à indiferença da mãe dela pelas tradições judaicas que não fossem aquelas meramente ordenadas pelos rituais anuais (e pelo ambiente tipicamente *cockney* das ruas onde cresceu), ela quase nada sabia da cozinha judaica.

Por isso, cresci com a comida inglesa. Mas não com peixe e batatas fritas, pudim de frutos secos, carne com massa, pudim de yorkshire ou outros acepipes da cozinha caseira britânica. Estes pratos eram desdenhados pela minha mãe por serem pouco saudáveis; ela pode ter crescido rodeada por não-judeus, mas, precisamente por isso, ela e a família não se metiam com ninguém e pouco conheciam do mundo doméstico dos seus vizinhos, a quem viam com medo e desconfiança. De qualquer forma, ela não fazia a menor ideia de como preparar «acepipes ingleses». Os seus encontros ocasionais, através dos amigos do meu pai do Partido Socialista da Grã-Bretanha, com vegetarianos e com *vegans* tinham-lhe ensinado as virtudes do pão escuro, arroz integral, feijão verde e outros ingredientes «saudáveis» da dieta de um eduardiano de esquerda. Mas ela sabia lá cozinhar arroz integral... Por isso, fazia o mesmo que todos os outros cozinheiros em Inglaterra na altura: cozia tudo até mais não.

Foi assim que passei a associar a comida inglesa não tanto à ausência de subtileza, mas à ausência de qualquer possível sabor. Comíamos pão escuro Hovis, que, no seu estilo digno, sempre me pareceu ainda mais chato do que as torradas aborrachadas em pão branco que me serviam ao chá em casa dos meus amigos. Comíamos carne cozida, legumes cozidos e, muito esporadicamente, versões fritas do mesmo (para ser justo, a minha mãe até conseguia fritar o peixe com algum estilo – nunca consegui perceber se era um atributo inglês ou judaico). O queijo, quando havia, era geralmente holandês – por razões que nunca percebi. O chá estava omnipresente. Os meus pais não aprovavam bebidas com gás – outro legado infeliz dos seus devaneios políticos – e por isso bebíamos sumos de fruta sem gás, ou, em anos posteriores, nescafé. Graças ao meu pai, por vezes aparecia camembert, salada, café a sério e outros mimos. Mas a minha mãe via tudo isto com a mesma desconfiança que tinha relativamente a outras importações do continente, gastronómicas e humanas.

O contraste com a comida que a minha avó paterna nos preparava todas as sextas-feiras à noite, na sua casa no Norte de Londres, não podia ser maior. O meu avô era um judeu polaco, a minha avó nascera num *shtetl*(*) lituano. Gostavam de comida judaica do Nordeste europeu. Só décadas mais tarde é que pude provar os sabores, a variedade e a textura da cozinha judaica da Europa do Sul e Central (da Hungria, em especial), e nunca tive a menor familiaridade com a cozinha mediterrânica de tradição sefardita. A minha avó, que fora de Pilvistok até Londres, via Antuérpia, nada percebia de saladas e nunca lhe passou um legume verde pelas mãos que não fosse para o torturar até à morte numa caçarola. Mas com molhos, frango, peixe, carne de vaca, raízes comestíveis e fruta – para o meu palato atrofiado – ela fazia magia.

A qualidade característica daqueles jantares de sexta-feira à noite era o contraste constante entre suave e

---

(*) Termo iídiche para uma cidade ou vila de pequena dimensão, geralmente na Europa de Leste (*N.T.*)

estaladiço, doce e condimentado. As batatas, as couves, os nabos eram sempre castanhos e tenros, e pareciam ter sido encharcados em açúcar. Os pepinos, as cebolas e outros vegetais pequenos e inofensivos vinham estaladiços e avinagrados. A carne caía do garfo, depois de há muito ter caído do osso. Também ela era castanha e tenra. O peixe – recheado(*), cozido, em salmoura, frito ou fumado – estava omnipresente e parecia-me que a casa estava sempre a cheirar a criaturas marinhas condimentadas e preservadas. O que é interessante, e talvez revelador, é que não tenho memória da textura do peixe ou de onde vinha (carpa, provavelmente). Era sempre na confeção que reparávamos.

Além do peixe e dos legumes, havia a sobremesa. Ou, mais precisamente, «compota». Fielmente, após o prato principal, aparecia toda a espécie de frutos espremidos e estufados, entre os quais se destacavam as ameixas e peras. Por vezes, haviam sido comprimidos dentro de uma massa do género da que tradicionalmente se usa para os pãezinhos(**) de Purim, mas geralmente a compota vinha à parte. As bebidas consistiam sempre, e apenas, num vinho doce horrível, para os adultos, e chá de limão para toda a gente. Juntamente com o resto – o pão escuro, *challah*, almôndegas de *matzah*(***) no caldo, e

---

(*) *Gefilte fish*, no original. Prato típico judaico, da Europa de Leste, que consiste em pequenas bolas de carne de carpa moída, temperada, e cozida no caldo do peixe. Serve-se frio e na geleia do peixe (*N.T.*)

(**) *Hamantaschen*, no original; são uns pãezinhos triangulares com recheio de papoila, comidos tradicionalmente na festa judaica de Purim, que celebra a libertação do povo israelita do seu cativeiro (*N.T.*)

(***) *Challah*: trança de pão que se come no *sabbath* e em festividades judaicas, exceto na Páscoa; *matzah balls*: prato judaico tradicional, que se come na Páscoa. É uma espécie de almôndega, preparada segundo os preceitos judaicos e cozida em canja de galinha (*N.T.*)

sonhos de todas as formas e feitios (mas uma só textura – macios) – aquela refeição teria sido familiar a toda a gente que tivesse nascido entre a Alemanha e a Rússia, na Letónia e na Roménia, no último meio milénio. Para mim, transportado semanalmente de Putney para Pilvistok, representava Família, Familiaridade, Sabor e Raízes. Nunca tentei sequer explicar aos meus amigos de escola ingleses o que comíamos à sexta-feira à noite ou o que isso significava para mim. Julgo que eu próprio não sabia e eles nunca teriam percebido.

À medida que fui ficando mais velho, descobri outras formas de acrescentar sabor a um regime caseiro desesperada e irremediavelmente insípido. Na Inglaterra daqueles tempos só havia três caminhos para a comida interessante se os avós não viessem de regiões estrangeiras exóticas. Havia a comida italiana, ainda confinada ao Soho e às franjas boémias dos universitários. Estava fora do meu orçamento de estudante adolescente. Depois, havia a comida chinesa, que não era especialmente interessante nem muito divulgada na altura, nem, em todo o caso, adaptada ao gosto britânico. Em Londres, antes de meados da década de 60, os únicos restaurantes chineses a sério ficavam no East End e tinham como clientes marinheiros chineses e meia dúzia de emigrantes do Sudeste Asiático. Muitas vezes, as ementas nem sequer estavam traduzidas e os habitantes locais desconheciam os seus pratos.

A verdadeira rota de fuga era para as Índias. Não creio que os meus pais alguma vez tenham ido a um restaurante indiano – a minha mãe tinha a curiosa ilusão de que enquanto a comida chinesa (sobre a qual ela nada sabia) era algo «limpa», a comida indiana era algo suspeitosamente camuflado em condimentos e se calhar cozinhado no chão. Nunca partilhei deste preconceito e gastei grande parte dos meus anos como estudante e o rendimento disponível em restaurantes indianos em Londres e Cambridge. Na altura, apenas julgava que era deliciosa, mas, pensando bem, é provável que, sem o saber, eu fizesse uma associação com o que se comia à mesa dos meus avós.

Também a comida indiana consistia em proteínas demasiado cozinhadas encharcadas em molhos plenos de condimentos. O pão era macio, os temperos picantes, os legumes doces. Em vez da sobremesa vinham gelados de sumo de fruta ou compotas de frutos exóticos. E acompanhava melhor com cerveja, algo que raramente se bebia em nossa casa. O meu pai nunca se dignou confirmar a ideia, mas tenho a certeza de que havia nele, algures, um preconceito contra o inglês bêbedo, que ia de *pub* em *pub*. Era suficientemente europeu para beber bom vinho, mas fora isso partilhava do velho preconceito judaico contra o consumo de álcool em excesso.

A comida indiana fez-me mais inglês. Tal como muitos ingleses da minha geração, hoje penso que a comida indiana, para levar ou encomendada em casa, é um prato inglês importado há séculos. Sou suficientemente inglês para pensar na comida indiana como um aspeto de Inglaterra de que sinto falta aqui, nos Estados Unidos, onde a comida chinesa é a preferida. Mas a minha condição de inglês também faz com que sinta falta da cozinha judaica da Europa de Leste na sua forma inglesa ligeiramente adaptada (mais cozedura, menos pimenta do que a cozinha judaica aqui nos EUA). Posso ter alguma nostalgia de peixe e batatas fritas, mas na verdade tal nada mais é do que um Exercício espontâneo de Legado Gastronómico. Quando eu era miúdo, raramente comíamos isso. Quisesse eu realmente ir à Procura do Gosto Passado e começaria com carne estufada e nabo cozido no forno, e depois caril de frango e pepinos envinagrados e mergulhados em *challah*, cerveja Kingfisher e chá de limão doce. A madalena que desencadearia a memória? Pão de trigo indiano molhado em caldo de almôndegas *matzoah*, servido por um empregado de Madraça que falasse indiano. Somos o que comemos. E eu sou muito inglês.

V

CARROS

Para a minha mãe, o meu pai tinha uma «obsessão» por carros. Para ela, a fragilidade perene da nossa economia doméstica devia-se à tendência do marido para gastar neles as nossas poupanças. Não posso avaliar se ela tinha ou não razão – é evidente que, se levasse a dela avante, teria reduzido a família a um carro pequeno por década, se tanto – mas mesmo para os olhos compreensivos de um filho que o admirava, o meu pai parecia de facto algo absorto nos seus carros; e em especial nos Citroëns, a marca francesa cujos produtos idiossincráticos agraciaram a nossa entrada durante a minha infância e adolescência. Tivemos uma ou outra compra de impulso inglesa, de que rapidamente nos arrependemos – um Austin A40 descapotável, um AC Ace desportivo –, e um capricho, que ainda durou algum tempo, com um DB Panhard, de que falarei mais à frente; mas durante anos, Joe Judt conduziu, arranjou e falou de Citroëns.

Que o meu pai ficasse tão enamorado pelo motor de combustão interna condizia perfeitamente com a sua geração. A «cultura do carro» chegou à Europa Ocidental na década de 50, mais ou menos na altura em que o meu pai estava em condição de se lhe poder juntar. Os homens nascidos antes da I Guerra Mundial já iam bem entrados na meia idade quando os carros ficaram disponíveis à maioria dos europeus: nas décadas de

30 e 40, estavam confinados aos calhambeques acanhados, célebres pelo seu desconforto e pouca fiabilidade, e só podiam comprar algo melhor muito depois dos seus anos de ouro. A minha geração, em contraste, cresceu com carros e não via neles nada de caracteristicamente atrativo ou romântico. Mas para os homens – e, imagino, umas quantas mulheres – nascidos entre as duas guerras, o carro simbolizava a nova liberdade e prosperidade. Podiam comprar um e havia muitos por onde escolher. O combustível era barato e as estradas ainda estavam apelativamente vazias.

Nunca percebi muito bem porque tínhamos de ter um Citroën. A posição ideológica do meu pai sobre o assunto era o de que os Citroëns eram os carros tecnologicamente mais avançados na estrada: em 1936, quando a empresa começou a fabricar a «Arrastadeira» [Traction Avant], com tração à frente e suspensão independente, isto era de facto verdade – como voltou a ser em 1956, com a apresentação da aerodinâmica sensual do DS19 [boca-de-sapo]. Os seus carros eram sem dúvida mais confortáveis do que a maioria dos modelos de família, e provavelmente mais seguros também. Se eram mais fiáveis, já é outra história: na época antes da revolução dos automóveis japoneses, nenhum carro de estrada era particularmente fiável e passei muitos serões aborrecidos a ir buscar as ferramentas do meu pai enquanto ele reparava uma qualquer peça de motor avariada.

Em retrospetiva, pergunto-me se a insistência do meu pai em comprar Citroën – na minha infância, deve ter tido pelo menos uns oito – teria algo a ver com uma fase anterior da sua vida. Afinal de contas, ele era um imigrante – nascido na Bélgica, criado ali e na Irlanda – que só em 1935 chegara a Inglaterra. Com o tempo, aprendeu a falar um inglês impecável, mas por baixo desta aparência permaneceu sempre continental: o gosto dele por saladas, queijos, café e vinho chocava amiúde com a despreocupação tipicamente inglesa da minha mãe por comida e bebida, a não ser como fonte de combustível. E assim, tal como o meu pai não gostava de nescafé e preferia camembert, também desdenhava os Morris, os Austins, os Standard Vanguards e outros produtos genéricos ingleses, olhando, em vez disso, instintivamente para o continente.

Quanto à razão por que nos deveríamos tornar uma família «Citroën», quando já havia Volkswagens, Peugeots, Renaults, Fiats e afins mais baratos, gosto de pensar que se explicaria por um qualquer motivo étnico subliminar. Os carros alemães, é claro, estavam fora de questão. A reputação dos carros italianos (pelo menos dos que poderíamos comprar) estava na sua fase mais negra: a opinião comum era que os italianos podiam desenhar tudo – só não o sabiam construir. A Renault estava desgraçada pela colaboração ativa do seu fundador com os nazis (o que levara a que a firma fosse nacionalizada). O Peugeot era uma marca respeitável, mas, na altura, mais conhecida pelas bicicletas; seja como for, os seus carros eram construídos como tanques e parecia que lhes faltava estilo (o mesmo argumento usado para os Volvos). E, talvez o argumento decisivo, mesmo que nunca dito, o fundador epónimo da dinastia Citroën fora um judeu.

Havia algo ligeiramente constrangedor nos nossos carros. Numa época de austeridade e provincianismo, davam a entender uma qualidade agressivamente exótica e «estrangeira» da família – deixando a minha mãe, em especial, pouco à-vontade. E é claro que eram (relativamente) caros e, por isso, ostentatórios. Lembro-me de uma ocasião, em meados dos anos 50, quando atravessámos

Londres de carro para ir visitar os meus avós maternos, que viviam numa casa velha num bairro operário, numa rua lateral na Bow. Naquela parte de Londres, os carros ainda eram escassos e os que havia seriam provavelmente Fords Populars e Morris Minors pretos, prova das posses limitadas e dos gostos convencionais dos seus donos. E aqui estávamos nós, a sair a medo de um DS19 branco reluzente, quais aristocratas que vinham inspecionar os seus humildes inquilinos. Não sei como se sentiu a minha mãe – nunca lhe perguntei. O meu pai estava agradavelmente absorto na atenção invejosa que o seu novo carro suscitava. Eu só me queria enfiar no primeiro buraco que encontrasse.

Por volta de 1960, durante alguns anos, a obsessão do meu pai por carros levou-o às corridas de automóvel amadoras. Todos os domingos lá íamos nós dois até Norfolk ou às Midlands, onde outros entusiastas organizavam programas com corridas de carros. O veículo do meu pai era um Panhard DB adaptado, um belo carro pequeno que fazia uns barulhos sedutores e competia razoavelmente bem com os Triumph Spitfires e os MGB da altura. Os vários amigos da família eram seduzidos (contra remuneração? Nunca soube) a ir fazer de «mecânicos», enquanto a mim me era confiada a tarefa, curiosamente responsável, de ver a pressão dos pneus antes da corrida. De certa forma, aquilo tinha a sua piada, embora o ambiente se pudesse tornar aborrecido (homens feitos a falar de carburadores durante horas a fio) e a viagem de ida e volta demorasse seis horas.

Muito mais divertidas eram as férias no continente que fazíamos na altura: em grande parte – parecia por vezes – para que o meu pai tivesse uma desculpa para fazer uma longa viagem de carro. Naqueles tempos pré-*autoroute*, uma viagem por estrada no continente era uma aventura: tudo demorava imenso tempo e havia sempre algo que se avariava. Sentado no lugar da frente «errado», eu tinha a mesma visão que o condutor das gloriosas *routes nacionales* francesas. Era também o primeiro a ser abordado pelos polícias sempre que nos mandavam parar por excesso de velocidade ou, numa ocasião memorável, a altas horas da noite, às portas de Paris, numa operação stop durante a crise da OAS(*).

Viajávamos geralmente em família. Para a minha mãe tanto se lhe dava se passávamos as férias em Brighton ou em Biarritz, e achava as longas viagens por estrada entediantes e cansativas. Mas naquele tempo as famílias faziam as coisas juntas e a finalidade de ter um carro era para «os passeios». Para mim, pelo menos (e neste aspeto talvez saísse ao meu pai), a finalidade do exercício era a viagem – os lugares aonde íamos, em especial nas «passeatas» de domingo, eram muitas vezes banais e de escasso interesse. Mesmo do outro lado do Canal, a melhor parte das nossas férias de verão ou de inverno era sempre a aventura para lá chegar: os furos, as estradas geladas, as ultrapassagens perigosas em estradas de campo sinuosas, os pequenos hotéis exóticos onde chegávamos noite alta, depois de longas horas de acesas questiúnculas domésticas sobre onde e quando parar. Era no carro que o meu pai se sentia mais em casa e a minha mãe menos. Tendo em conta o tempo que naquela altura passámos na estrada, é espantoso que o casamento tenha durado tanto tempo.

Em retrospetiva, hoje compreendo melhor os caprichos do meu pai do que na altura, mesmo com o prazer

---

(*) Sigla de *Organisation de l'Armée Secrète*, uma organização paramilitar nacionalista de extrema-direita que esteve especialmente ativa em 1962, com atentados à bomba, assassinatos e uma tentativa de matar o general De Gaulle (*N.T.*)

que me deram as viagens em família. Hoje, vejo-o como um homem frustrado: preso num casamento infeliz e a fazer um trabalho que o aborrecia e, talvez, até o humilhasse. Os carros – carros de corrida, carros de que falar, carros para arranjar e carros para o levarem para casa, para a Europa – eram a sua comunidade. Como não lhe interessavam muito os *pubs* ou beber, e sem amigos do trabalho, ele transformou o Citroën num companheiro para toda a obra e num cartão de visita – que culminou na sua eleição para a presidência do Clube do Citroën na Grã-Bretanha. O que outros homens procuravam na bebida e numa amante, o meu pai sublimava no seu romance com uma marca automóvel – o que explica, sem dúvida, a hostilidade da minha mãe a tudo aquilo.

Quando fiz 17 anos, aprendi a guiar, como se esperaria, e passado uns tempos comprei o primeiro de muitos carros: inevitavelmente, um Citroën, um Dois Cavalos [2CV] baratinho. E embora eu gostasse de conduzir e viesse a transportar várias namoradas e esposas por grande parte da Europa e pelos Estados Unidos, conduzir nunca significou para mim o mesmo que para o meu pai. Como achava as pequenas oficinas de província pouco encantadoras e porque eu próprio não tinha a competência técnica, logo troquei os Citroëns por marcas mais fiáveis, mas não tão exóticas: Hondas, Peugeots e, por fim, um Saab. É claro que também fui dado a caprichos alimentados pela testosterona; celebrei o meu primeiro divórcio com um MG descapotável e tenho gratas memórias de ir pela Route 1, pela costa da Califórnia, num Ford Mustang com a capota levantada.

Mas estes eram apenas carros e nunca foram uma «cultura».

Isto parece-me uma reação geracional convencional. Nós, *baby-boomers*, crescemos com carros, e com pais que os adoravam e tinham prazer com eles. As estradas onde nos licenciámos estavam mais congestionadas, menos «abertas», do que as do período entre guerras ou logo no pós-guerra. Na altura, a condução era pouco aventurosa e não havia muito a descobrir a não ser que quiséssemos algo muito além do convencional. As cidades onde vivíamos estavam a tornar-se hostis para os carros que, de forma tão míope, havíamos acolhido alguns anos antes. Em Nova Iorque e Paris, tal como em Londres, faz pouco sentido ter carro particular. No auge da sua hegemonia, o carro representava individualismo, liberdade, privacidade, separação e egoísmo, nas suas formas mais disfuncionais. Mas tal como tantas disfunções, era insidiosamente sedutor. Qual Ozymandias(*), convida-nos agora a ver as nossas obras e a perder a esperança. Mas era muito divertido na altura.

(*) Referência ao poema homónimo de Shelley (*N.T.*)

VI

PUTNEY

Dizem que o lar é onde está o coração. Não tenho tanta certeza. Tive muitas casas e não julgo que o meu coração esteja em qualquer uma delas. O que se pretende dizer, evidentemente, é que o lar é onde escolhemos fazê-lo – e nesse caso creio que sempre fui alguém sem lar: há muitas décadas, deixei o meu coração algures na encosta de uma montanha suíça, mas o resto de mim, insensatamente, não o seguiu. Ainda assim, entre as minhas raízes desenraizadas há uma que se destaca um pouco e pode até ser uma espécie de fundação. De 1952 até 1958, a minha família viveu no bairro londrino de Putney e lembro-me desses tempos com afeto.

Na altura não sabia, mas Putney era um bom sítio para se crescer. A cem metros a norte do nosso apartamento ficava a igreja de St. Mary, um vetusto estabelecimento de paróquia, baixo e largo, celebrizado pelos debates que ali ocorreram em outubro de 1647, no auge da Guerra Civil inglesa. Foi ali que o coronel Thomas Rainsborough, numa alocução que ficou célebre, avisou os seus interlocutores de que «o mais pobre que há em Inglaterra tem uma vida para viver, tal como o mais grandioso (…) todo o homem que deve viver sob um governo deve primeiro, por seu próprio consentimento, pôr-se sob esse governo (…)». Precisamente três séculos mais tarde, o governo trabalhista de Clement Attlee iria inaugurar o Estado-providência que deveria garantir aos mais pobres uma vida que valesse a pena viver e um governo que os servisse. Attlee nasceu em Putney e morreu apenas a uns quilómetros de distância; apesar da sua longa e bem-sucedida carreira política, permaneceu sempre modesto, no comportamento e na riqueza – em vincado contraste com os seus sucessores rapaces e gananciosos, foi um representante exemplar de uma grande era de reformadores eduardianos de classe média –, moralmente sério e um tudo nada austero.

À sua maneira, a própria Putney tinha algo de austero. É uma paróquia antiga – referida no *Domesday Book*(*), a par de uma balsa que ali cruzava o Tamisa (a primeira ponte só foi construída em 1642) – e deve a sua relativa importância tanto ao rio próximo como à velha estrada de Portsmouth, que se viria a tornar na movimentada High Street de Putney. A confluência da rua e do rio também ajudam a explicar porque é que se traçou uma das primeiras linhas do metro a passar por Putney, na orientação norte-sul, de Earl's Court até Wimbledon, bem como um ramal da London & Southwestern Railway (mais tarde, Southwestern Railway) de Windsor até Waterloo, com uma estação estrategicamente colocada na extremidade mais elevada de High Street. Também havia uma concentração invulgar de autocarros: o 14, o 30 e o 74, que iam de Putney, ou arredores, até ao nordeste de Londres; o 22 e o 96, que começavam em Putney Common e atravessavam a City acabando, respetivamente, em Homerton e Redbridge Station, no Essex profundo (e, na altura, a linha de autocarro mais longa

---

(*) Livro de registo da grande inquirição ordenada por Guilherme, o Conquistador, cuja principal finalidade era determinar a propriedade das terras, para efeitos de taxação. O levantamento ficou concluído em 1086 (*N.T.*).

de Londres); e o 85 e o 93, que saíam, na direção sul, da estação de metro de Putney Bridge, até Kingston e Morden, respetivamente. E, é claro, o 718 da Linha Verde, que na sua longa viagem de Windsor até Harlow atravessava Putney.

Uma vez que as oito carreiras de autocarro, juntamente com as duas de tróleis (autocarros elétricos alimentados por um cabo ligado a uma linha com corrente) e as linhas do metro e de comboio convergiam para, ou perto de, High Street, esta era uma artéria invulgarmente movimentada para aquela altura. E eu estava bem colocado para o apreciar: o nosso apartamento, no n.º 92 de Putney High Street, garantia-me um poleiro privilegiado, ainda que sempre barulhento. E como eu apanhava o 14 para ir para a escola (as minhas aventuras na Linha Verde só começaram depois de nos mudarmos para Kingston Hill, sempre coberta de folhas), todos os dias via de perto todos aqueles autocarros e comboios. Carros havia menos, mas só em termos relativos: naqueles tempos, Londres tinha a maior densidade de utilização de carro próprio, com exceção dos Estados Unidos, e os engarrafamentos já faziam parte do quotidiano de Putney.

Mas fora da movimentada High Street havia uma outra Putney, mais calma: o subúrbio oitocentista convencional de blocos de apartamentos, moradias vitorianas em banda e vivendas eduardianas de tijolo e pedra, geralmente «geminadas», mas, muitas vezes, de tamanho apreciável. Havia filas e filas, ruas e ruas, quarteirões e quarteirões destes edifícios elegantes, extraordinariamente homogéneos na sua decoração e nas fachadas. Mais atrativa do que a interminável expanção suburbana do período entre guerras do sudeste londrino, com um ar próspero mas com menos ostentação do que as avenidas luxuriantes, ladeadas de árvores, do noroeste londrino, Putney era inequívoca e tranquilizadoramente de classe média. É verdade que havia enclaves de classe média-alta, previsivelmente situados em locais mais elevados perto da antiga charneca e nas encostas que lhe iam dar; e havia ruas operárias, como a Lower Richmond Road, defronte ao rio, e onde o aspirante a poeta Laurie Lee encontrou alojamento barato e o seu primeiro emprego quando chegou a Londres, vindo do Gloucestershire profundo. Mas, na maioria, Putney estava confortável e seguramente no meio.

O nosso apartamento era frio e desinspirador, três pisos por cima do salão de cabeleireiro onde os meus pais trabalhavam. Mas tinha a qualidade característica de as traseiras darem para Jones Mews, um dos últimos pátios de cavalariças onde moradores e comerciantes guardavam os seus animais. Naquele tempo, o Mews(*) ainda servia o seu propósito tradicional: duas das seis cavalariças na viela junto à nossa porta das traseiras estavam ocupadas por animais de trabalho. Um deles – uma pileca escanzelada e esfarrapada – trabalhava noite e dia para uma espécie de sucateiro, que todas as manhãs o arrastava da sua cocheira, enfiava-o à bruta entre os varais e saíam para ir recolher aquilo que, ao fim do dia, parecia um espólio substancial. O outro cavalo tinha melhor sorte, pois trabalhava para uma florista conversadeira, de faces coradas, que tinha uma cocheira na zona comum. Os outros estábulos haviam sido convertidos em barracões para artesãos locais: eletricistas, mecânicos e faz-tudos. Estes, tal como o leiteiro, o talhante, a florista e

---

(*) Termo inglês para estábulos, cavalariças, estrebarias. Neste caso, como noutros, optou-se por não se traduzir topónimos e nomes de ruas (*N.T.*).

o sucateiro, eram todos gente da localidade, filhos de gente da zona e arredores. Vista de Jones Mews, Putney ainda era uma aldeia.

Mesmo a High Street ainda tinha raízes num passado autónomo. É claro que já havia lojas de grandes cadeias, Woolworth, Marks & Spencer, The British Home Stores, etc. Mas eram lojas pequenas, em muito menor quantidade relativamente às lojas de habitantes locais que vendiam artigos de capelista, tabaco, livros, mercearias, sapatos, roupa de senhora, artigos de *toilette* e tudo e mais alguma coisa. Mesmo «as grandes lojas» eram, de certa forma, locais: a Sainsburys, uma pequena loja com apenas uma vitrina dupla, ainda tinha serradura no chão. Éramos atendidos por assistentes educadas, ligeiramente arrogantes, de avental azul e branco engomado e que se pareciam demasiado com as empregadas orgulhosas da fotografia na parede que retratava a pequena loja no dia da inauguração, há muitas décadas. Os merceeiros da «Home and Colonial», mais abaixo na rua, faziam a distinção cuidadosa entre os seus produtos caseiros e os que vinham do ultramar: «carneiro da Nova Zelândia», «carne de vaca inglesa», e assim sucessivamente.

Mas a High Street era o território da minha mãe. *Eu* fazia compras em Lacy Road, que podia vender bebidas alcoólicas e onde me mandavam comprar cidra e vinho; uma pequena alfaiataria; e duas lojas de doces. Uma destas era genérica e moderna, pelo menos pelos padrões dos anos 50, e tinha gomas de fruta, barras de chocolate e pastilha elástica Wrigley's. Mas a outra – mais escura, húmida e fria, mais suja e deprimente – era muito mais intrigante. Era gerida (e, creio, pertencia-lhe) por uma velhota encarquilhada, mazinha, que pesava com maus modos cem gramas de bolas de rebuçado ou de alcaçuz, que tirava de uma série de jarros grandes, aos resmungos por causa da impaciência ou da indumentária insuficiente dos seus clientes: «Já sirvo rapazolas sujos como vós desde o jubileu da velha rainha, por isso não me tentem enganar!» Por velha rainha, é claro que ela queria dizer a rainha Vitória, cujo jubileu se celebrara em Putney em junho de 1887...

Ainda havia algo de vitoriano, ou talvez eduardiano fosse mais rigoroso, no ambiente das ruas secundárias. Subindo os degraus de pedra sólida, por trás dos reposteiros pesados podíamos imaginar solteironas de óculos a dar lições de piano, para compor as suas magras pensões – e nem tínhamos de imaginar, pois eu tive aulas desse instrumento com pelo menos duas senhoras dessas, ambas a viverem naquilo que até eu na altura identificava como pobreza remediada. Tinha amigos na escola cujas famílias ocupavam um piso ou dois das vivendas imponentes perto de Dover House Road ou em Putney Hill, e fiquei vagamente impressionado pela sensação de solidez e permanência que esses edifícios transmitiam, mesmo na sua atual condição de propriedade subdividida.

Putney também tinhas as suas pontas soltas. A margem do rio ainda era semirrural e, em grande parte, estava intacta – depois de se passar a avenida, que já tinha algum comércio, perto da ponte, onde começava a regata anual Oxford-Cambridge. Havia casas de barcos, barcos-casa, um ou outro rebocador, esquifes abandonados a apodrecer lentamente no lodo: a prova do negócio que dantes se fazia no rio. Em Putney ainda se faz sentir a maré do Tamisa: por vezes, uma corrente estreita que divide preguiçosamente os grandes bancos de lodo, noutras perto de transbordar as suas margens mal amanhadas e muito mal protegidas quando o *ferry* ou um barco particular, no caminho da ponte de Westminster até

Teddington ou mesmo Oxford, passa velozmente por baixo da ponte e entra na grande curva que abarca Craven Cottage (o estádio do Fulham), na margem oposta. O rio de Putney era sujo, deselegante e funcional: passei muito tempo sentado à sua margem e a pensar, embora já não me lembre de quê.

Saímos de Putney quando eu tinha dez anos, arrastados para as franjas verdejantes do Surrey pelo encantamento efémero dos meus pais pela prosperidade. A casa em Kingston Hill onde vivemos nove anos, até os meus pais ficarem sem dinheiro, era maior do que o apartamento antigo; tinha um jardim e um portão de entrada. E também – ó, alegria – duas casas de banho, um alívio considerável depois da experiencia do nº 92 e da sua única casa de banho, dois gélidos pisos por baixo do meu quarto. E em Kingston havia trilhos no campo que o aspirante a ciclista podia explorar. Mas nunca me esqueci de Putney, as suas lojas, os seus cheiros, as suas associações. Em termos de vegetação verde, pouco havia, exceto nas orlas, onde os baldios e as charnecas ficaram como a natureza os deixara. Era urbana de ponta a ponta, embora urbana daquela forma informal e generosa tão característica de Londres: uma cidade que – pelo menos até ao desastroso «planeamento» urbano da década de 60 – sempre crescera para *fora*, e não para *cima*. Hoje já não me sinto ali em casa – a High Street dos dias de hoje não é melhor do que se esperaria, uma réplica incaracterística de uma qualquer outra rua principal em Inglaterra, com os seus restaurantes de *fast food* e lojas de telemóveis. Mas Putney era a minha Londres, e Londres – mesmo que eu só ali tenha vivido em criança e me tenha ido embora de vez quando fui para Cambridge, em 1966 – era a minha cidade. Já não é. Mas a nostalgia faz uma segunda casa muito satisfatória.

VII

O AUTOCARRO DA LINHA VERDE

Durante alguns anos, até finais da década de 50, eu ia para a escola no autocarro da Linha Verde. A Linha Verde, que na altura era pública, como todos os outros autocarros londrinos, era uma divisão da London Transport que geria as ligações de autocarros de longo curso entre Londres, que geralmente começavam numa cidadezinha no campo a 30 ou 40 quilómetros fora da cidade e terminavam no lado oposto de Londres, a uma distância considerável. O autocarro que eu apanhava, o 718, vinha de Windsor, no sudoeste, para Harlow, a nordeste, a meio caminho entre Londres e Cambridge.

A Linha Verde era característica em vários aspetos. Era verde, claro, não só por fora mas também os interiores e os acabamentos. Geralmente, eram autocarros de um só piso, em contraste com os tradicionais autocarros londrinos da altura, e tinham portas articuladas elétricas que se fechavam bruscamente. Esta característica também os distinguia dos autocarros de dois andares de porta aberta atrás do centro de Londres e conferia à Linha Verde uma sensação acolhedora, reconfortante e agradável. Como percorriam uma distância tão grande para uma carreira de autocarro – a Linha Verde completa significava uma viagem de mais de três horas – estes autocarros não paravam na maioria das paragens habituais, apenas em pontos ocasionais de transbordo. Embora não andasse mais depressa do que o típico autocarro londrino, era ainda assim uma linha «expresso» e podia cobrar um pouco mais pelo serviço.

A cor e a nomenclatura deste serviço não eram por acaso. O autocarro da Linha Verde invocava e ilustrava um princípio antigo do planeamento urbano de Londres: os seus terminais estavam estrategicamente situados transversalmente ou para lá da «Cintura Verde» estabelecida em torno de Londres nas primeiras décadas do século. Esta era tanto uma experiência precoce de preservação ambiental como a disponibilização de espaços abertos para uso e lazer públicos. Por isso, naqueles tempos a capital britânica estava cuidadosamente contida dentro de uma cintura de terreno aberto: vários parques, baldios, bosques antigos, terras por cultivar ou charnecas, tudo herdado de antigas propriedades reais, municipais ou paroquiais, deixadas intactas por forma a preservar-se o campo do Sudeste de Inglaterra, constantemente ameaçado pela expansão ilimitada da Grande Cidade (*).

Apesar do desenvolvimento urbanístico desordenado de construção junto a estradas movimentadas a que se assistiu nas décadas entre as guerras, e dos projetos de habitação da década de 50, públicos e privados, ainda menos atrativos, a Grande Londres fora mais ou menos contida dentro da cintura de vegetação; por vezes, não mais do que uns poucos quilómetros, mas o suficiente para se distinguir a cidade do campo e para preservar a identidade e a particularidade das cidades e vilas do lado mais afastado. Por isso, o autocarro da Linha Verde refletia – no nome, na rota e na distância que percorria – as

---

(*) *Great Wen*, no original, um outro nome para Londres, sendo que *wen* é o termo inglês que designa precisamente uma cidade grande e congestionada (*N.T.*)

aspirações bem-sucedidas de uma geração de planificadores.

É claro que eu nada sabia disto. Mas creio que, instintivamente, percebia a mensagem implícita destes autocarros e de quem geria as suas rotas. Os autocarros pareciam dizer que eram o espírito e a encarnação de uma determinada ideia de Londres. Começamos em Windsor, por exemplo, ou Stevenage, ou Gravesend, ou East Grinstead, e acabamos em Harlow ou Guildford ou Watford, espraiando-nos por Londres à medida que vamos andando (a maioria das rotas da Linha Verde passava pela estação de Vitória, Marble Arch, ou ambas). Enquanto as rotas dos autocarros vermelhos andavam atabalhoadamente para trás e para a frente pelo centro de Londres, com os passgeiros a entrarem e a saírem à vontade, nós, os da Linha Verde, delimitamos a cidade, reconhecendo a sua escala impressionante mas estabelecendo, nas nossas rotas e terminais característicos, os seus limites necessários.

Por vezes eu testava esses limites, e fazia a linha de uma ponta à outra só pelo puro prazer de ver bosques, colinas e campos emergirem em cada fim da minha metrópole natal. A «equipa» da Linha Verde – cada autocarro tinha um motorista e um revisor – parecia compreensiva para com este exercício de infância aparentemente sem sentido. Não recebiam muito mais do que os motoristas e revisores dos autocarros vermelhos – naquele tempo, nenhum dos empregados do London Passenger Transport Board se podia gabar de ter um grande ordenado. Quando comecei a usar os seus serviços, os homens dos autocarros tinham acabado uma longa e conturbada greve. Mas a «disposição» dos homens da Linha Verde era muito característica. Tinham mais tempo para falar entre si e com os passageiros. Como as portas do autocarro se fechavam, o interior era mais sossegado do que nos outros autocarros. E grandes excertos do trajeto eram tão atrativos, àquela maneira tão sossegada e confortável dos arredores cobertos de folhas da Londres do pós-guerra, que o próprio autocarro – embora tivesse estofos iguais aos dos outros autocarros de Londres da altura – de certa forma também *parecia* mais felpudo e confortável. E, assim, parecia-me que o motorista e o revisor tinham mais brio no seu veículo e que se descontraíam mais na sua rotina do que outros empregados dos autocarros.

    O revisor, que recebia um pouco menos do que um motorista profissional, era geralmente, mas nem sempre, um homem mais jovem (quase não havia mulheres). As suas funções consistiam, aparentemente, em manter a ordem e cobrar os bilhetes; mas como por vezes havia grandes partes do trajeto no campo que decorriam com poucos passageiros e paragens, a sua função não era muito preocupante. Na prática, fazia companhia ao motorista. O motorista, por seu lado, fazia parte do autocarro (a cabina era aberta dentro da estrutura do autocarro) e por isso era bem conhecido – por vezes pelo nome próprio – dos passageiros da carreira. Não havia problemas de solidão para o motorista de longo curso dos autocarros da Linha Verde. Se havia uma questão de classe, já é outro assunto. Como as Linhas Verdes eram mais caras e apanhavam passageiros dos subúrbios bem como da cidade, muitos dos clientes provavelmente seriam de uma classe diferente do típico passageiro de autocarro da época. Enquanto que, na década de 50, a maioria das pessoas que apanhava os autocarros vermelhos para o trabalho não estaria em condições de ir e vir de carro, mesmo que quisesse, em anos posteriores uma boa parte do negócio da Linha Verde perdeu-se para o automóvel.

Assim, enquanto os motoristas, revisores e passageiros dos autocarros da zona central de Londres vinham, na maioria das vezes, dos mesmos grupos sociais, era mais provável que os passageiros habituais da Linha Verde fossem de classe média. Provavelmente, isto resultou na reprodução de alguns dos padrões de deferência ainda endémicos da sociedade britânica em geral. Também fazia com que os autocarros fossem mais sossegados. No entanto, o orgulho evidente que as equipas da Linha Verde tinham nos seus autocarros – passavam mais tempo nele e era menos provável que fossem transferidos para outro serviço em cima da hora, em especial os motoristas, que tinham de aprender trajetos longos e complicados – em certa medida compensava essas hierarquias sociais. O resultado era que toda a gente no autocarro se sentia bem consigo, ou pelo menos aparentava-o. Mesmo aos 11 anos, lembro-me de pensar que o autocarro *cheirava* tranquilizadoramente, mais como uma biblioteca ou uma livraria antiga do que um meio de transporte. Esta associação, de outro modo inexplicável, provavelmente baseava-se nos locais públicos que eu associava a calma, em vez de barulho e azáfama.

Continuei a usar os autocarros da Linha Verde até meados da década de 60. Mas então já os apanhava quase sempre à noite (naquele tempo, o último autocarro da Linha Verde saía da estação por volta das 22:00), quando regressava das reuniões da juventude sionista ou de um encontro com uma namorada. Àquela hora da noite, geralmente a Linha Verde andava a horas (ao contrário dos autocarros vermelhos, os da Linha Verde tinham um horário afixado nas paragens): se chegasse atrasado à paragem, perdia-o. E nesse caso estava condenado a uma longa espera ao frio, na plataforma da estação, para o raro comboio da noite, a que se seguia uma caminhada tristonha e cansativa a partir de uma qualquer estação da Southern Railway, localizada num qualquer sítio inconveniente. Por isso, apanhar a Linha Verde sabia bem, era um conforto e uma segurança contra o frio da noite londrina e uma promessa de transporte seguro e acolhedor até casa.

Hoje, os autocarros da Linha Verde são uma sombra dos seus antecessores. São propriedade da e geridos pela Arriva, a pior das empresas privadas que agora são responsáveis pelos serviços de comboio e autocarro para os utilizadores britânicos, a preços exorbitantes. Com raras exceções, os autocarros evitam o centro de Londres e, ao invés, têm linhas entre os novos pontos de referência da topografia britânica: aeroporto de Heathrow, Legolândia, etc. A sua cor é um acaso da história e, de facto, não tem qualquer relação com a sua função, com a cor verde escura agora pontuada com pastel e outros tons – uma lembrança involuntária de que nem os autocarros nem o serviço que prestam representam um propósito integrado e comum. Os revisores há muito que desapareceram e os motoristas, agora isolados no interior mas responsáveis pela cobrança de bilhetes, não têm qualquer trato com os clientes além do meramente comercial. Não há autocarros que atravessem Londres: os que entram na cidade acabam no meio dela, antes de darem meia volta para regressar ao ponto de onde vieram, como que para lembrarem os utentes que é apenas mais um serviço de autocarro do ponto A para o ponto B, sem aspirações a cartografrar ou enquadrar ou conter ou de qualquer outra forma identificar e celebrar a extraordinária diversidade e escala de Londres, muito menos a sua cintura protetora de vegetação em rápido desaparecimento. Tal como muitas outras coisas na Grã-Bretanha dos dias de hoje, os autocarros da Linha Verde apenas denotam, qual marco em ruínas, coberto de folhas e negligenciado, um passado cujos propósitos e experiências partilhadas praticamente se perderam no património da Grã-Bretanha.

VIII

DESEJO MIMÉTICO

Segundo o teórico da literatura René Girard, com o tempo passamos a ansiar por e, depois, a amar os que são amados por outros. Não o posso confirmar por experiência pessoal – tenho um historial de desejos frustrados por objetos e mulheres que me eram evidentemente inacessíveis, ainda que sem qualquer especial interesse para outra pessoa. Mas há uma esfera da minha vida em que, implausivelmente, a teoria do desejo mimético de Girard poderia perfeitamente ser adaptada à minha experiência: se por «mimético» quisermos dizer reciprocidade e simetria, em vez de imitação e contestação, posso atestar a credibilidade das suas afirmações. Adoro comboios e eles sempre mo retribuíram.

O que significa ser adorado por um comboio? O amor, parece-me, é aquele estado em que somos nós próprios com mais satisfação. Se isto lhe parece paradoxal, lembre-se do aviso de Rilke: o amor consiste em deixar aos amados espaço para que sejam eles próprios, ao mesmo tempo que se lhes dá a segurança no seio da qual esse eu possa florescer. Quando eu era miúdo, ficava sempre pouco à-vontade e algo constrangido junto de pessoas, em especial a minha família. A solidão era uma benção, mas difícil de conseguir. *Ser* sempre me pareceu preocupante – onde eu estivesse havia sempre algo para fazer, alguém a quem agradar, uma tarefa a cumprir, um papel a desempenhar inadequadamente: algo despropositado.

Já *tornar-me*, por outro lado, era um alívio. Nunca ficava tão feliz como quando ia a algum lado sozinho, e quanto mais tempo demorasse a lá chegar, melhor. Caminhar era agradável, andar de bicicleta era aprazível, as viagens de autocarro divertidas. Mas o comboio era o céu.

Nunca me dei ao trabalho de explicar isto aos meus pais ou amigos, e por isso via-me obrigado a fingir objetivos: lugares que queria visitar, pessoas que queria ver, coisas que precisava de fazer. Tudo mentiras. Naqueles tempos, uma criança podia viajar sozinha em segurança nos transportes públicos a partir dos sete anos, creio, e desde muito novo que comecei a viajar sozinho de metro em Londres. Se tivesse um objetivo, seria cobrir toda a rede, de uma ponta a outra, aspiração que estive quase a concretizar. Que fazia eu quando chegava ao fim da linha, que podia ser Edgware ou Ongar? Saía, estudava muito atentamente a estação, olhava em volta, comprava uma daquelas sandes ressequidas da London Transport e um Tizer(*)... e apanhava o metro de volta.

A tecnologia, a arquitetura e as práticas de funcionamento de um sistema ferroviário fascinaram-me logo à partida – ainda hoje consigo descrever as peculiaridades das várias linhas do metro de Londres e o traçado das suas estações, o legado de várias empresas privadas nos seus primeiros anos. Mas nunca fui um «observador de comboios». Mesmo quando passei a viajar sozinho na vasta rede da região sul da British Railways, nunca me juntei aos grupos entusiastas de rapazes pré-adolescentes de anoraque na ponta das plataformas, constantemente a tomar nota do número dos comboios que passavam – isso parecia-me a mais asinina das demandas estáticas – a ideia de um comboio é andar-se nele.

(*) Refrigerante popular na época (*N.T.*)

Naquela altura, a região sul ofererecia uma ampla colheita para o viajante solitário. Eu guardava a minha bicicleta no vagão de bagagem em Norbiton Station, na linha de Waterloo, apanhava o comboio elétrico suburbano até ao Hampshire rural, saía numa paragenzinha qualquer do condado na encosta dos Downs, pedalava descontraidamente em direção a leste, até chegar à orla ocidental da velha Londres em Brighton Railway, depois apanhava um comboio local em Victoria Station e ia até Clapham Junction. Aqui, tinha a escolha luxuriante de 19 linhas – afinal, tratava-se do maior entroncamento ferroviário do mundo – e entretinha-me a escolher o comboio de regresso a casa. Tudo isto demorava um longo dia de verão; quando chegava a casa, cansado e contente, os meus pais perguntavam-me educadamente onde é que eu andara e eu, respeitosamente, inventava um qualquer propósito digno para evitar mais conversa. As minhas viagens de comboio eram privadas e queria que assim se mantivessem.

Nos anos 50, viajar de comboio era barato, especialmente para miúdos de 12 anos. Eu pagava os meus prazeres com a minha mesada semanal e ainda me sobravam uns dinheiros para os lanches. A viagem mais cara que fiz levou-me quase até Dover – aliás, Folkstone Central – de onde eu podia olhar, desejoso, para os *rapides*, bem presentes na minha memória, da rede nacional ferroviária francesa. Mais conforme a um miúdo da minha idade, costumava guardar o dinheiro que me sobrava para o Movietone News Theatre, na estação de Waterloo: a maior estação terminal de Londres e uma cornucópia de locomotivas, horários, quiosques, anúncios e cheiros. Em anos posteriores, por vezes falhava o último comboio para casa e ficava ali sentado, durante horas, à noite, nas salas de espera de Waterloo, cheias de correntes de ar, a ouvir as manobras das locomotivas e o carregamento do correio, sustentado apenas com uma chávena de cacau da British Rail e a imaginação da solidão. Sabe deus o que os meus pais pensavam que eu estava a fazer, à deriva em Londres às duas da manhã. Se soubessem, talvez ficassem ainda mais preocupados.

Eu era muito novo para captar as emoções da era do vapor. A rede ferroviária britânica mudou demasiado cedo para as locomotivas a diesel (mas não para as elétricas, um erro estratégico que ainda hoje está a pagar), e embora nos meus primeiros anos de escola os expressos de longo curso ainda passassem velozmente por Clapham Junction, puxados por magníficas locomotivas a vapor de última geração, a maioria dos comboios que eu apanhava era completamente «moderna». No entanto, graças ao crónico subinvestimento dos caminhos-de-ferro britânicos nacionalizados, muito do parque de locomotivas em funcionamento datava dos anos entre as guerras e algumas eram até clássicos pré-1914. Havia compartimentos fechados (incluindo, em cada comboio com quatro vagões, um só para «Senhoras»), não tinham casas de banho, e as janelas eram fechadas com uma correia de cabedal com um buraco onde encaixava um gancho. Os lugares, mesmo em segunda e terceira classes, estavam estofados com um tecido que se parecia vagamente com tartã, que fazia impressão aos miúdos de escola de calções, mas era confortavelmente quente nos invernos húmidos e frios da altura.

Que eu tenha vivido os comboios como solidão é, evidentemente, um paradoxo. Eles são, na expressão francesa, *transports en commun*: concebidos no início do século XIX para facultarem transporte coletivo para pessoas que não podiam ter transporte particular ou, com o passar dos anos, para os mais abastados que podiam ser atraídos por acomodações partilhadas mais luxuosas a preços mais altos. Na prática, ao nomearem e classificarem os diversos níveis de conforto, os comboios inventaram as classes sociais na sua forma moderna: tal como um exemplo dos primeiros tempos pode ilustrar, durante décadas os comboios andavam apinhados e eram desconfortáveis, exceto para os afortunados que pudessem viajar em primeira classe. Mas na minha época a segunda classe era mais do que aceitável para a classe média; e em Inglaterra, essas pessoas isolavam-se. Naqueles dias ditosos antes dos telemóveis, quando era inaceitável ter um rádio a tocar num local público (e a autoridade do revisor bastava para reprimir espíritos rebeldes), o comboio era um local magnífico e silencioso.

Em anos posteriores, à medida que o sistema ferroviário britânico foi decaindo, viajar de comboio foi perdendo a atração. A privatização das empresas, a exploração comercial das estações e o pouco empenho do pessoal, tudo contribuiu para o meu desencanto – e a experiência de viajar de comboio nos Estados Unidos decerto que não ajudava a recuperar as nossas memórias e entusiasmos. Entretanto, os caminhos-de-ferro da Europa continental, que eram empresas públicas, entraram numa era sossegada de investimento e inovação, preservando no entanto as qualidades características de sistemas e redes anteriores.

Assim, viajar na Suíça é perceber de que forma a eficiência e a tradição podem ser fundidas, quase impercetivelmente, para benefício da sociedade. A Gare de l'Est, em Paris, ou a Milano Centrale, tal como a Hauptbahnhof de Zurique ou a Keleti Pályaudvar em Budapeste, são monumentos ao planeamento urbano oitocentista e à arquitetura funcional; compare-se com as perspetivas de longo prazo da sombria Pennsylvania Station, em

Nova Iorque – ou quase todos os aeroportos modernos. No seu melhor – de St. Pancras à extraordinária nova estação em Berlim – as estações de comboio *são* a encarnação por excelência da vida moderna, razão pela qual duram tanto tempo e ainda cumprem tão bem as tarefas para que inicialmente foram concebidas. Quando hoje penso nisso – *toutes proportions gardées* – Waterloo fez-me o que as igrejas de campo e as catedrais barrocas fizeram a tantos poetas e artistas, inspirou-me. E porque não? Não eram as grandes estações vitorianas, de metal e vidro, as catedrais da época?

Há muito que tencionava escrever sobre comboios. De certa forma, suponho que já o fiz, pelo menos em parte. Se há algo característico na minha versão da história europeia contemporânea em *Pós-Guerra*, é – creio – o enfoque subliminar no espaço: uma noção das regiões, distâncias, diferenças e contrastes no âmbito limitado de um pequeno subcontinente. Julgo que cheguei a essa noção do espaço ao olhar sem destino pela janela de um comboio e ao inspecionar mais atentamente as vistas e sons contrastantes das estações onde me apeava. A minha Europa é medida em tempo de comboio. A forma mais simples de eu «pensar» na Áustria ou na Bélgica é andar pela Westbahnhof ou pela Gare du Midi e refletir sobre a experiência, já para não falar nas distâncias. Não será maneira de lidar com uma sociedade e uma cultura, mas comigo funciona.

Talvez a consequência mais desencorajante da minha atual doença – mais deprimente ainda do que as suas manifestações práticas diárias – seja a perceção de que nunca mais andarei sobre carris. Saber isto pesa-me, como um cobertor de chumbo, empurrando-me cada vez mais para aquela sensação melancólica de fim que caracteriza uma doença verdadeiramente terminal:

o entendimento de que há coisas que nunca mais acontecerão. Esta ausência é mais do que a perda de um prazer, a privação de uma liberdade, muito menos a exclusão de novas experiências. Evocando Rilke, constitui a própria perda de mim mesmo – ou, pelo menos, a melhor parte de mim que mais facilmente descobria paz e contentamento. Já não haverá Waterloo, já não haverá apeadeiros no campo, já não haverá solidão: já não haverá tornar-se, apenas ser interminavelmente.

IX

O *LORD WARDEN*

Agora somos todos europeus. Os ingleses viajam pela Europa continental e o Reino Unido é um dos principais destinos turísticos, além de atrair imensa gente à procura de trabalho, da Polónia a Portugal. Os viajantes de hoje nem pensam duas vezes antes de se meterem num avião ou num comboio, para sairem pouco depois em Bruxelas, Budapeste ou Barcelona. É verdade que um em cada três europeus nunca sai do seu país; mas os restantes compensam isso, com descontraída facilidade. Até as fronteiras internas desapareceram: pode demorar algum tempo até se perceber que entrámos noutro país.

Não foi sempre assim. Na minha infância em Londres, a «Europa» era onde se ia para umas férias exóticas. O «Continente» era um local estranho – eu aprendi muito mais sobre a Nova Zelândia ou a Índia, cuja geografia imperial era ensinada na escola primária. A maioria das pessoas nunca se aventurava pelo estrangeiro: fazia-se férias em estâncias balneares inglesas ventosas, ou em alegres campos de férias, pelo país. Mas a nossa família tinha a peculiaridade (efeito secundário da infância belga do meu pai?) de atravessar o canal da Mancha muitas vezes; muitas mais, certamente, do que a maioria das pessoas no nosso escalão de rendimento.

As celebridades voavam para Paris; os meros mortais apanhavam o barco. Havia *ferries* a sair de Southampton, Portsmouth, Newhaven, Folkestone, Harwich e outros pontos a norte, mas o trajeto clássico – e de longe o mais usado – era através do estreito do canal, entre Dover e Calais ou Bologne. Até aos anos 60, os caminhos-de-ferro britânicos e os franceses (SNCF) tiveram o monopólio desta travessia. A SNCF usava um vapor do tempo ainda antes da guerra, o SS *Dinard*, para o qual os carros tinham de ser levados por grua para o convés, um a um. Isto demorava uma eternidade, mesmo que naquela altura muito poucos carros utilizassem o serviço. Por isso, a minha família tentava sempre marcar as viagens de forma a que coincidissem com as partidas do *ferry* dos caminhos-de-ferro britânicos, o *Lord Warden*.

Ao contrário do *Dinard*, um barco pequeno que saltava e se agitava preocupantemente em mares revoltos, o *Lord Waren* era uma embarcação de monta: podia levar mil passageiros e 120 carros. Fora batizado em honra do Lorde Guardião dos Cinco Portos (*) – os cinco povoados costeiros que em 1155 receberam privilégios especiais em troca de serviços prestados à Coroa inglesa. O serviço de transporte por barco através da Mancha, de Dover para Calais (que foi possessão inglesa de 1347 até 1558), datava dessa mesma altura, pelo que o navio fora bem batizado.

Do que me lembro dele, o *Lord Warden*, que entrou ao serviço em 1951 e só foi desativado em 1979, era um navio moderno e espaçoso. Desde a sua ampla capacidade para transportar veículos à sala de jantar, espaçosa e brilhante, e às poltronas a imitar pele, o barco prometia luxo e aventura. Eu apressava os meus pais para que

---

(*) *Lord Warden of the Cinque Ports*, hoje um cargo meramente honorífico atribuído pela Coroa. Em tempos foi o responsável pela confederação dos cinco portos, a associação das cinco cidades que o autor refere e que tinha finalidades militares e de comércio (*N.T.*).

fôssemos tomar o pequeno-almoço, ocupava uma mesa à janela e comia com os olhos o menu tradicional. Em casa comíamos cereais sem açúcar, sumo sem açúcar e nas torradas de pão de trigo púnhamos pouca marmelada. Mas aqui estávamos na terra das férias, um tempo fora da saúde, e faziam-se concessões.

Meio século depois eu ainda associo a viagem pelo continente ao pequeno-almoço inglês: ovos, *bacon*, salsichas, tomate, feijão, torradas de pão branco, compotas peganhentas e o cacau dos caminhos-de-ferro britânicos, tudo empilhado em pratos brancos ornados com o nome do navio e dos seus proprietários e servido por empregados londrinos brincalhões, reformados da marinha mercante do tempo da guerra. Depois do pequeno-almoço, subíamos ao convés superior, amplo e gélido (naquele tempo, o canal parecia de um frio inclemente), e contemplávamos impacientemente o horizonte: aquilo era o cabo Gris Nez? Boulogne surgia luminosa e soalheira, em contraste com a neblina cerrada que envolvia Dover; desembarcávamos com a impressão enganadora de ter viajado uma grande distância, e que estávamos a chegar, não à Picardia fria, mas ao Sul exótico.

Boulogne e Dover eram diferentes, em formas que hoje seria difícil de imaginar. As línguas ainda estavam mais distantes: apesar de um intercâmbio milenar de comunicações e comércio, a maioria das pessoas nas duas cidades era monolingue. As lojas tinham um aspeto muito diferente: a França era bastante mais pobre do que a Inglaterrra, pelo menos no conjunto. Mas nós tínhamos o racionamento e eles não, por isso até as *épiceries* mais básicas tinham alimentos e bebidas desconhecidos e inacessíveis aos visitantes ingleses, cheios de inveja. Lembro-me de reparar, logo nos primeiros dias, como a Francha *cheirava*: enquanto o odor predominante em

Dover era um misto de óleo de fritos e diesel, Boulogne parecia marinada em peixe.

Não era preciso atravessar o canal de carro, embora a criação de um *ferry* propositadamente para carros fosse um prenúncio de mudanças futuras. Podia-se apanhar o comboio em Charing Cross que fazia a ligação até ao barco, no porto de Dover, ir a pé até ao *ferry* e descer a rampa diretamente em França, até uma estação decrépita onde nos aguardavam os *compartiments* verde-escuros e abafados dos caminhos-de-ferro franceses. Para o viajante mais abastado ou mais romântico, havia o Golden Arrow [Flecha Dourada], um comboio expresso diário (inaugurado em 1929) de Victoria Station até à Gare du Nord, levado por *ferries* especiais para comboios, onde os passageiros eram livres de ficar confortavelmente sentados nos seus lugares durante a travessia.

Quando passávamos as águas costeiras, o comissário de bordo anunciava pelo sistema de som que a «loja» estava aberta. «Loja», devo dizer, descrevia um cubículo numa das extremidades do convés principal, identificado por uma placa mal iluminada e cujo pessoal consistia apenas numa pessoa à caixa. Púnhamo-nos na fila, fazia-se o pedido e esperava-se pelo nosso saco – tal como um bêbado constrangido num *Systembolaget*(*) sueco. A não ser, é claro, que se tivesse encomendado acima do limite do *duty free:* nesse caso, era-se informado e aconselhado a reconsiderar.

A loja fazia fraco negócio à ida para França: o *Lord Warden* pouco tinha a oferecer que não se conseguisse melhor e mais barato em França ou na Bélgica. Mas no

---

(*) Empresa pública sueca que gere uma rede de lojas onde se vende bebidas alcoólicas e o único sítio no país onde se consegue comprar uma bebida alcoólica com graduação superior a 3,5º. Não vende a menores de 20 anos nem a quem esteja embriagado (*N.T.*)

regresso a Dover, a janelinha já fazia um negócio chorudo. Os viajantes ingleses de regresso tinha direito a uma quota extremamente restrita de álcool e cigarros, por isso compravam tudo o que podiam: os impostos indiretos eram penalizadores. Como a loja ficava aberta no máximo 45 minutos, não podia ter grandes lucros – era óbvio que se destinava a facultar um serviço, mais do que ser um negócio.

Em finais dos anos 60 e 70, os barcos foram ameaçados pelo aparecimento do *hovercraft*, um híbrido que pairava sobre uma almofada de ar e era propulsionado por duas hélices. As companhias de *hovercraft* nunca se conseguiram decidir quanto à sua identidade, um falhanço característico dos anos 60. Em linha com a sua época, anunciaram-se como eficientes e modernos, mas as suas salas de embarque eram imitações pirosas das de aeroporto sem a promessa do voo. Os próprios veículos, ao obrigarem-nos a permanecer sentados enquanto batiam claustrofobicamente nas ondas, padeciam de todos os defeitos da viagem marítima mas sem as suas virtudes características. Ninguém gostava deles.

Hoje em dia, a travessia do canal é assegurada por navios várias vezes maiores que o *Lord Warden*. A disposição do espaço é muito diferente. A sala de jantar formal é relativamente pequena e pouco usada, diminuta quando comparada com as cafetarias ao estilo McDonald's. Há salões com jogos de vídeo, salas de espera de primeira classe (paga-se à entrada), áreas de recreio, casas de banho melhoradas... e uma zona de *duty free* que envergonharia uma loja da Safeway. O que faz sentido: tendo em conta que há túneis para carro e comboio, já para não falar de companhias aéreas *low cost* ultracompetitivas, o principal motivo para se ir de barco é fazer compras.

E assim, tal como costumávamos correr para um lugar à janela na sala de pequeno-almoço, os passageiros do *ferry* hoje em dia passam a viagem (e quantias substanciais) a comprar perfumes, chocolates, vinho, bebidas alcoólicas e tabaco. Contudo, graças às alterações no regime fiscal de ambos os lados do Canal, comprar no *duty free* já não traz grandes benefícios económicos: é feito como um fim em si mesmo.

Avisa-se os nostálgicos para que evitem estes *ferries*. Numa viagem recente, tentei assistir à chegada a Calais a partir do convés. Fui causticamente informado de que agora todos os conveses principais ficavam fechados, e que se fazia questão de ficar ao ar livre teria de me juntar aos outros excêntricos encurralados numa zona delimitada por um cordão, na plataforma mais baixa na parte de trás. De onde não se podia ver nada. A mensagem era clara: os turistas não deviam perder tempo (e poupar dinheiro) a passear pelos conveses. Esta política – embora não seja aplicada nas embarcações louvavelmente anacrónicas da Brittany Ferris (companhia de capitais franceses) – é aplicada universalmente nos trajetos mais pequenos.

Foram-se os tempos em que os viajantes ingleses, de lágrimas nos olhos, no convés, viam as falésias de Dover a aproximar-se, e se congratulavam uns aos outros por terem ganho a guerra e comentavam como era bom estar de regresso à «verdadeira comida inglesa». Mas mesmo apesar de Boulogne agora se parecer bastante com Dover (ainda que Dover, infelizmente, ainda se pareça com ela própria), a travessia do Canal continua a dizer-nos muito de ambos os lados.

Tentados por bilhetes de ida e volta de um dia a bom preço, os ingleses afluem a França para comprar carregamentos de vinho francês barato, malas de queijo francês e volumes e mais volumes de tabaco, de taxas mais baixas. A maioria vai de comboio, transportando-se, ou ao carro, pelo Túnel. À chegada, já não deparam com a outrora temida linha de agentes da alfândega, mas com um grupo enorme e acolhedor de gigantescos *hypermarchés*, que se destacam nos cumes das colinas de Dunquerque a Dieppe.

Os artigos nestas lojas são selecionados em função do gosto britânico – os letreiros estão em inglês – e elas lucram imenso com este negócio da travessia do Canal. Agora, já ninguém se sente minimamente culpado ao pedir a quota máxima de *whisky* a uma vendedora impassível. Poucos destes turistas britânicos se demoram ou aventuram para sul. Se o quisessem fazer, provavelmente teriam ido na Ryanair, a metade do preço.

Serão os ingleses ainda os únicos a viajar para o estrangeiro com a intenção expressa de consumo barato ostentatório? Não se veem donas de casa holandesas a arrebanhar as prateleiras do Tesco de Harwich. Newhaven não é nenhum paraíso de compras, e as senhoras de Dieppe não são lá clientes. Os visitantes continentais que desembarcam em Dover continuam a não perder tempo e dirigem-se para Londres, o objetivo principal. Mas em tempos, os europeus que visitavam a Inglaterra procuravam locais históricos, monumentos, e cultura. Hoje em dia também acorrem aos saldos de inverno dos omnipresente centros comerciais ingleses.

Estas peregrinações comerciais são o máximo que a maioria dos cidadãos alguma vez conhecerá da União Europeia. Mas a proximidade pode ser ilusória: por vezes é melhor partilhar com os nossos vizinhos uma noção de estranheza articulada entre ambas as partes. Para isso, precisamos de uma viagem: uma passagem no tempo e no espaço na qual registar os símbolos e as sugestões de mudança e diferença – polícia de fronteira, línguas estrangeiras, comida estranha. Até um pequeno-almoço inglês intragável pode evocar memórias de França, aspirando, implausivelmente, ao estatuto de madalena mnemónica. Tenho saudades do *Lord Warden*.

Parte II

X

JOE

Detestei a escola. De 1959 a 1965, andei na Escola Emanuel, em Battersea: um estabelecimento vitoriano situado entre as linhas de caminho-de-ferro que saíam da estação de Clapham Junction em direção a sul. Os comboios (que na altura ainda eram a vapor) proporcionavam efeitos sonoros e consolo visual, mas tudo o resto era incessantemente chato. O interior dos edifícios mais velhos estava pintado de um creme e verde institucionais – tal como os hospitais e as prisões do século XIX que a escola tivera por modelo. Os diversos embelezamentos do pós-guerra ressentiam-se de materiais baratos e de um isolamento inadequado. Os campos de jogos, apesar de amplos e verdes, pareciam-me frios e hostis: certamente por causa do cristianismo musculado e triste a que passei a associá-los.

Esta instituição sinistra, na qual me apresentei seis vezes por semana (o râguebi aos sábados de manhã era obrigatório), durante quase sete anos, nada custou aos meus pais. Emanuel era de «bolsa direta»: uma escola secundária independente e autónoma, subsidiada pelas autoridades locais e aberta a qualquer miúdo que tivesse tido bons resultados nos exames nacionais para alunos de 11 anos («11+») e fosse aceite após a entrevista. Estes estabelecimentos, muitas vezes autênticas relíquias históricas (Emanuel fora fundado no reinado de Isabel I), ombreavam com os melhores colégios particulares em

Inglaterra, bem como os melhores liceus, cujo currículo seguiam.

Mas como a maioria das escolas de bolsa direta não cobrava propinas, e como eram geralmente externatos e, assim, atraíam grande parte do talento local, quem as frequentava estava muito mais abaixo na escala social do que os de Winchester, Westminster ou Eton. Na Emanuel, a maioria dos miúdos vinha da classe média-baixa do sul de Londres, com uma pequena percentagem de miúdos de classe operária que haviam tido bons resultados no 11+ e uns quantos filhos de corretores, banqueiros, etc., dos subúrbios, que tinham escolhido um externato no centro da cidade, em vez de um colégio particular convencional com internato.

Quando entrei, em 1959, a maioria dos professores já lá estava desde o fim da I Guerra Mundial: o reitor, o vice-reitor (cuja principal responsabilidade era supervisionar as vergastadas semanais de rapazinhos insubordinados por chefes de turma do 6º ano), o diretor do segundo ciclo e o meu primeiro professor de inglês. Este, que entrara em 1920, mas cujas técnicas pedagógicas eram inequivocamente dickensianas, passava a maior parte do tempo a puxar e a apertar furiosamente as orelhas dos seus alunos de 12 anos. Não me lembro de uma única coisa que ele tenha dito ou que tenhamos lido nesse ano: só da dor.

Os professores mais novos eram melhores. Nos anos seguintes, fui razoavelmente bem ensinado em literatura inglesa e matemática, instruído satisfatoriamente em história, francês, latim, e ensinado monotonamente em ciência do século XIX (se pelo menos alguém nos tivesse dado a conhecer as modernas teorias físicas e biológicas, eu talvez estivesse sedento pela experiência). A educação física era negligenciada, pelo menos pelos padrões americanos: tínhamos uma aula de EF por semana, grande parte dela à espera da nossa vez para o cavalo com arções ou o tapete de luta livre. Eu sabia um pouco de pugilismo (para agradar ao meu pai, que fora um pugilista com bastante êxito); era um velocista razoável, e – para surpresa geral – revelei-me um jogador de râguebi acima da média. Mas nenhuma destas atividades alguma vez cativou a minha imaginação ou me inspirou.

Muito menos me atraía a absurda «Força de Cadetes Conjunta» (FCC), em que os miúdos recebiam instrução em treino militar básico e como usar uma espingarda Lee Enfield (já obsoleta quando foi distribuída aos soldados britânicos em 1916). Durante quase cinco anos, todas as terças-feiras eu tinha de ir para a escola vestido num uniforme do exército britânico feito à medida, a ter de aturar os olhares divertidos dos transeuntes e os risinhos das raparigas na rua. Passávamos o dia todo sentados, a suar em bica, no nosso traje de combate, só para no fim das aulas, desfilarmos à volta do campo de críquete, atormentados e intimidados pelos nossos «sargentos» (rapazes mais velhos), e com os oficiais a rosnar-nos (professores de uniforme que, à nossa custa, reviviam entusiasticamente os seus tempos de tropa). Tudo aquilo me teria posto na mesma disposição do *Bom Soldado Chveik*, de Hasek, se alguém tivesse tido a perspicácia de mo indicar.

Mandaram-me para a Emanuel porque a diretora da minha escola primária não me preparara para o exame de admissão a St. Paul's, um dos melhores externato da altura, no qual eram admitidos os meus contemporâneos mais promissores. Creio que nunca disse à minha mãe ou ao meu pai o quanto era infeliz naquela escola, exceto uma ou outra vez para lhes contar sobre o antissemitismo endémico: naquele tempo, havia poucas minorias «étnicas» em Londres e os judeus eram os forasteiros mais visíveis. Éramos uns dez numa escola com mais de mil alunos, e insultos antissemitas não eram mal vistos.

Escapei graças ao King's [College]. No meu exame de admissão a Cambridge, fiz não só a prova de história mas também de francês e alemão e os meus futuros professores disseram-me que os meus resultados eram superiores ao do exame de fim do liceu. Ao saber isto, escrevi logo ao King's a perguntar se podia ser dispensado do exame final do liceu; «sim», responderam-me. Nesse mesmo dia, entrei na secretaria da escola para anunciar que ia desistir. Não me lembro de muitos momentos tão felizes, e nunca me arrependi.

Exceto talvez numa coisa. No início do meu quarto ano em Emanuel, como optei pelo ramo das «Artes», tinha de escolher entre alemão e grego clássico. Tal como toda a gente, eu já aprendia francês e latim desde o primeiro ano; mas aos 14 anos consideraram-me apto para aprender línguas «a sério». Sem pensar muito no assunto, escolhi alemão.

Em Emanuel, naquela altura, a língua alemã era ensinada por Paul Craddock: «Joe», para três gerações de alunos. Um homem misantropo, magro, que sobrevivera a uma qualquer experiência de guerra – pelo menos, era assim que explicávamos o seu mau feitio imprevisível e a aparente falta de sentido de humor. Afinal, Joe tinha uma noção do absurdo verdadeiramente sardónica, e era – como eu viria a descobrir – uma pessoa extremamente humana. Mas o seu aspeto – um metro e oitenta, sapatos de couro demasiado grandes e cabelo ralo em desalinho – era aterrorizador para os rapazes adolescentes: uma vantagem pedagógica preciosa.

Em apenas dois anos de estudo intensivo de alemão, atingi um nível muito alto de proficiência e confiança linguísticas. Os métodos de ensino de Joe nada tinham de misterioso. Aprendíamos passando horas a estudar gramática, vocabulário e estilo, todos os dias, na escola e em casa. Havia testes diários de memória, raciocínio e compreensão. Os erros eram punidos implacavelmente: ter menos de 18 num teste de vocabulário era ser «Estúpido!». Não perceber um texto literário complexo marcava-nos como «Lerdo que nem uma lâmpada Toc-H!» (uma referência à II Guerra Mundial que ainda dizia algo – ainda que pouco – a um grupo de adolescentes que nascera por volta de 1948). Entregar um trabalho de casa que não estivesse perfeito era condenarmo-nos a uma tirada tonitroante de uma cabeça que se agitava furiosamente, cheia de cabelo cinzento em desalinho, antes de nos resignarmos humildemente a ficar horas de castigo e a mais exercícios de gramática.

Tínhamos um medo de Joe que nos pelávamos – e, contudo, adorávamo-lo. Sempre que ele entrava na sala de aula, com os membros escanzelados, que precediam aqueles olhos penetrantes, ameaçadores, sobre um tronco trémulo, ficávamos expectantemente silenciosos. Não havia elogios, nem uma familiaridade vaga nem críticas suavizadas. Ele ia até à secretária, pousava os livros com estrondo, atirava-se para o quadro (ou então atirava o giz a algum miúdo que não estivesse a prestar atenção) e dava-nos tudo: 50 minutos a ensinar uma língua, intensos, ininterruptos e concentrados. Em latim, ainda penávamos com as *Guerras da Gália*; em francês, haviam sido precisos cinco anos para nos prepararem para os exames nacionais de nível médio e para aprendermos a traduzir, a medo, textos de Saint-Exupéry ou um outro texto igualmente acessível. A meio do meu segundo ano de alemão, Joe já nos punha a traduzir sem esforço e com genuíno prazer a *Metamorfose* de Kafka.

Apesar de ser um dos alunos (relativamente) mais fracos da sua turma – devido a um interesse no sionismo que me distraía – tive melhor nota no exame de alemão do nível elementar do que em todas as outras disciplinas exceto uma (e muito melhor nota do que tive a francês ou a história), e tive a segunda melhor nota. Caracteristicamente, Joe ficou desapontado: não via razão para que um miúdo ensinado por ele não tivesse a melhor nota do país. Abandonei o alemão em junho de 1964. Quarenta e cinco anos depois, ainda falo a língua razoavelmente bem, ainda que com alguns pequenos lapsos de memória se estou muito tempo sem falar. Quem me dera poder dizer o mesmo das outras línguas que aprendi depois.

Nos dias de hoje, Joe seria impossível. Teve a sorte de não ser obrigado a ganhar a vida a dar aulas num liceu moderno – era muito politicamente incorreto, mesmo para os padrões da época. Como ele percebia perfeitamente que a única contestação credível ao seu monopólio da nossa atenção seria a atração pelo sexo oposto, desconsiderava brutalmente as libidos que iam despontando: «Se querem brincar com raparigas, não me façam perder tempo! Podem tê-las a qualquer altura mas esta é a vossa única hipótese de aprender esta língua e não podem ter as duas coisas ao mesmo tempo. Se vos vejo com uma rapariga, estão no olho da rua!». Na nossa turma, só um rapaz é que tinha namorada; ficou com tanto medo de que Joe pudesse sequer saber que ela existia que a pobre coitada ficou proibida de se aproximar da escola num raio de três quilómetros.

Hoje em dia, já quase ninguém aprende alemão. Parece ser consensual que a mente jovem só pode lidar com uma língua de cada vez, de preferência a mais fácil. Nos liceus americanos, tal como nos estabelecimentos ingleses de ensino público, tristemente célebres pelos seus maus resultados, os alunos são instados a crer que tiveram um bom desempenho – ou, pelo menos, o melhor que podiam. Os professores não são incentivados a distinguir entre quem têm a seu cargo: pura e simplesmente, não se faz como Joe fazia, nem se elogia um trabalho muito bom ao mesmo tempo que se desanca em quem teve piores notas. Muito raramente os alunos ouvem dizer que «são lixo» ou «do pior que há!».

O medo é pouco valorizado – tal como a satisfação a obter de um esforço linguístico árduo e genuíno. Na verdade, em toda a sua longa carreira no ensino Joe nunca bateu num aluno; aliás, a sala de aula era ao lado das casas de banho, usadas por um professor de pendor homoerótico para aplicar as vergastadas, e Joe nunca escondeu o seu desprezo pela prática. Mas o modo como usava a intimidação física e a humilhação moral («Vocês são uma cambada de inúteis!»), que davam frutos, seria hoje inaceitável em qualquer professor, mesmo que ele ou ela soubessem como as explorar.

Creio que é revelador que de todas as minhas memórias desagradáveis de escola, a única inequivocamente positiva sejam os dois anos que passei em que me enfiaram implacavelmente a língua alemã. Julgo que não sou masoquista. Se me lembro de «Joe» Craddock com tanta afeição e apreço, não é por ele me ter incutido o medo de deus ou por me pôr a analisar frases em alemão à uma da manhã, sob pena de no dia a seguir ser corrido a «és uma vergonha!». É porque ele foi o melhor professor que tive; e ser bem ensinado é a única coisa de que vale a pena lembrarmo-nos da escola.

XI

KIBBUTZ

Os meus anos 60 foram um pouco diferentes dos dos meus contemporâneos. É claro que também partilhei do entusiasmo pelos Beatles, pelas drogas leves, pela divergência política e pelo sexo (este mais imaginado do que praticado, mas também aqui creio que refletia a experiência da maioria, apesar de toda a mitologia retrospetiva). Mas no que diz respeito ao ativismo político, entre os anos de 1963 e 1969 divergi da corrente dominante por me empenhar de alma e coração no sionismo de esquerda. Passei os verões de 1963, 1965 e 1967 a trabalhar em *kibbutzim* em Israel e durante grande parte do tempo entre estes períodos estive bastante empenhado em divulgar zelosamente o sionismo trabalhista como membro não remunerado de um dos seus movimentos de juventude. Durante o verão de 1964 estive a ser «preparado» para a liderança num campo de treino no Sudoeste de França; e de fevereiro até julho de 1966, trabalhei a tempo inteiro em *Machanayim*, uma quinta comunal na Alta Galileia.

A princípio, esta educação sentimental deveras intensa funcionou muito bem. Pelo menos durante o verão de 1967, quando passei do trabalho voluntário num *kibbutz* para a participação, como auxiliar, nas forças armadas de Israel, fui o recruta ideal: eloquente, empenhado, e ideológica e intransigentemente conformista. Tal como os dançarinos em círculo da obra de Milan Kundera,

O Livro do Riso e do Esquecimento, juntei-me a outros que partilhavam do sentimento em celebrações de felicidade coletiva, excluindo dissidentes e celebrando a nossa reconfortante unidade de espírito, propósito e roupa. Idealizei a distinção judaica e percebi intuitivamente, e reproduzi, a ênfase do sionismo na separação e na diferença étnica. Até me convidaram – com a idade absurdamente imatura de 16 anos – para fazer o discurso de abertura numa conferência da juventude sionista em Paris, a denunciar o tabaco como «desvio burguês» e um perigo para as atividades ao ar livre dos adolescentes judaicos. Tenho muitas dúvidas de que mesmo na altura eu acreditasse nisso (afinal, já fumava): mas era muito bom com as palavras.

A essência do sionismo trabalhista, à época ainda fiel aos seus dogmas de fundação, consistia na promessa de trabalho judaico: a noção de que os jovens judeus da diáspora seriam resgatados das suas vidas estéreis e assimiladas e transportados para colonatos coletivos nos confins da Palestina rural – e ali criariam (e, segundo a ideologia, recriariam) um campesinato judaico, que nem explorava nem era explorado. Tendo a sua origem, em igual medida, nas utopias socialistas do início do século XIX e em mitos russos posteriores de comunidades igualitárias rurais, o sionismo trabalhista estava caracteristicamente fragmentado em cultos sectários antagónicos: havia os que achavam que no *kibbutz* toda a gente se devia vestir de igual, educar os filhos e comer em conjunto, e usar (mas não possuir) mobília e artigos da casa idênticos, até livros, decidindo coletivamente todo e qualquer aspeto das suas vidas numa reunião semanal obrigatória. Alterações ligeiras ao cerne da doutrina permitiam alguma variedade do estilo de vida e até um mínimo de bens pessoais. E depois havia variadíssimas gradações entre membros do *kibbutz*, muitas vezes resultado de um conflito pessoal ou familiar que assumia a forma de desacordo fundamentalista.

Mas estávamos todos de acordo quanto ao propósito moral mais lato: trazer judeus de regresso à terra e separá-los do seu abastardamento desenraizado da diáspora. Para o neófito londrino de 15 anos, que estava num *kibbutz* pela primeira vez, o efeito era inebriante. Era o «Judaísmo Musculado» na sua forma mais sedutora: saúde, exercício físico, produtividade, propósito coletivo, autossuficiência, e separatismo orgulhoso – já para não falar dos encantos dos filhos do *kibbutz* da nossa geração, aparentemente livres dos complexos e inibições dos seus pares europeus (livres, também, da maior parte da sua bagagem cultural – embora isto só mais tarde me inquietasse).

Adorei. Oito horas de trabalho árduo, que não obrigava a pensar, numa plantação abafada de bananeiras na costa do mar da Galileia, intervalado com canções, caminhadas, longas discussões doutrinais (cuidadosamente encenadas por forma a reduzir o risco de os adolescentes as rejeitarem, ao mesmo tempo que maximizavam a atração dos objetivos partilhados), e a insinuação constante de sexo sem culpa: naquela altura, o *kibbutz* e a penumbra ideológica que lhe estava associada ainda retinham laivos do *ethos* inocente de «amor livre» dos cultos radicais de princípios do século XX.

Na verdade, é claro que eram comunidades provincianas e muito conservadoras, e a sua rigidez ideológica camuflava o horizonte limitado de muitos dos seus membros. Mesmo em meados dos anos 60 era já evidente que a economia de Israel não se baseava na pequena agricultura doméstica; e os cuidados que os movimentos *kibbutzim* de esquerda tinham para não empregar mão-de-obra árabe, mais do que macular as suas credenciais igualitárias isolava-os dos factos inconvenientes da vida no Médio Oriente. Tenho a certeza de que não percebi tudo isto na altura – embora me lembre de me questionar por que razão nunca conheci um único árabe durante as minhas longas estadas no *kibbutz*, mesmo apesar de viver perto das comunidades árabes mais densamente povoadas do país.

No entanto, o que rapidamente percebi, ainda que não o admitisse em público, foi o quão limitados eram os *kibbutzim* e os seus membros. O simples facto do autogoverno coletivo ou a distribuição igualitária de mobília ou eletrodomésticos não nos torna mais sofisticados ou mais tolerantes do que os outros. Na verdade, na medida em que contribui para a extraordinária soberba da autoestima, na prática reforça o pior tipo de solipsismo étnico.

Ainda hoje me lembro da minha surpresa ao descobrir o quão pouco os meus colegas do *kibbutz* sabiam ou se importavam com o resto do mundo – exceto se isso os afetasse diretamente ou ao seu país. Estavam principalmente preocupados com a gestão da quinta, com a mulher do vizinho, com as posses do vizinho (que em ambos os casos comparavam invejosamente com as suas). Nos dois *kibbutzim* onde passei mais tempo, a liberdade sexual era essencialmente função da infidelidade matrimonial e dos boatos e recriminações que lhe estavam associados – e neste aspeto estas comunidades socialistas-modelo pareciam-se bastante com as aldeias medievais, com consequências semelhantes para os que fossem objeto de censura coletiva.

Em resultado destas observações, desde cedo que passei a sentir uma forma de dissonância cognitiva relativamente às minhas ilusões sionistas. Por um lado, queria muito acreditar no *kibbutz* como modo de vida e encarnação de um tipo melhor de judaísmo; e, sendo eu de feição dogmática, durante alguns anos não tive dificuldade em convencer-me das suas nobres virtudes. Por outro lado, o *kibbutz* desagradava-me profundamente. Mal podia esperar pelo fim de uma semana de trabalho para me ir embora, à boleia ou apanhando um autocarro para Haifa, a cidade importante mais próxima, onde passava o *sabbath* a empanturrar-me com uma espécie de leite creme e a olhar, desejoso, da doca, para os *ferries* de passageiros que partiam para Famagusta, Esmirna, Brindisi e outros destinos cosmopolitas. Naqueles tempos, Israel parecia-me uma prisão, e o *kibbutz* uma cela sobrelotada.

Dois desenvolvimentos diferentes libertaram-me das minhas confusões. Quando os meus colegas de *kibbutz* souberam que eu fora aceite na Universidade de Cambridge e que tencionava inscrever-me, ficaram escandalizados. Toda a cultura da *Aliya* – «ascensão» (para Israel) – presumia que se cortasse os laços e oportunidades que haviam ficado para trás na diáspora. Naquele tempo, os dirigentes do movimento de juventude sabiam perfeitamente que quando um adolescente em Inglaterra ou França era autorizado a ficar lá para tirar o curso universitário, ele ou ela estavam perdidos para Israel, para sempre.

Por isso, a posição oficial era a de que os estudantes que iriam para a universidade deviam esquecer os seus locais na Europa; dedicar-se ao *kibbutz* durante alguns anos, a apanhar laranjas, guiar tratores, ou a separar bananas; e depois, caso as circunstâncias o permitissem, apresentarem-se à comunidade como candidatos ao ensino superior – no pressuposto de que o *kibbutz* iria determinar, coletivamente, se e que curso deviam seguir, realçando a sua utilidade futura para o coletivo.

Em suma: com sorte, podiam mandar-me para a universidade em Israel, por volta dos 25 anos, talvez para estudar engenharia elétrica ou, com sorte e a condescendência dos meus camaradas, fazer a formação para professor de história do liceu. Aos 15 anos, esta perspetiva agradara-me. Dois anos mais tarde, e depois de ter trabalhado arduamente para entrar no King's, não fazia tenção de recusar a oportunidade, quanto mais dedicar-me a uma vida nos campos. A profunda incompreensão e o desprezo manifesto da comunidade do *kibbutz* perante a minha decisão apenas serviram para confirmar o meu cada vez maior afastamento da teoria e da prática da democracia comunitária.

O outro estímulo para me separar, é claro, foi a minha experiência no exército nos montes Golã, durante a Guerra dos Seis Dias. Foi ali que, para minha surpresa, descobri que a maioria dos israelitas não eram socialistas agrários modernos transplantados, mas sim judeus jovens, urbanos, preconceituosos, que só eram diferentes dos seus homólogos europeus e americanos na sua autoconfiança machista, gabarola, e por terem uma arma nas mãos. O modo como tratavam os árabes, que haviam derrotado, chocou-me (e pôs um ponto final nas ilusões dos meus anos de *kibbutz*), e a indiferença com que previam a futura ocupação e domínio de territórios árabes até na altura me deixou aterrado. Quando regressei ao *kibbutz* onde então vivia – *Hakuk*, na Galileia – senti-me um estranho. Umas semanas depois já fizera as malas e regressara a casa. Dois anos mais tarde, em 1969, regressei, com a rapariga com quem namorava na altura, para ver o que restava. Quando fui visitar o *kibbutz Machanayim* encontrei o «Uri», que em tempos apanhara laranjas comigo. Sem sequer fingir notar a minha presença, muito menos dar-se ao trabalho de me cumprimentar, Uri passou por nós e parou para perguntar: «*Ma ata oseah kan?*» («Que estás aqui a fazer?»). De facto, que estava eu ali a fazer?

Não acho que aqueles anos tenham sido desperdiçados ou mal passados. Quanto mais não seja, deram-me um conjunto de memórias e lições de certa forma mais ricas do que poderia ter adquirido se tivesse passado a década em conformidade com as habituais predisposições da geração. Quando fui para Cambridge, já tinha feito parte – e liderado – um movimento ideológico do género que a maioria dos meus contemporâneos só conhece em teoria. Sabia o que significava ser um «crente» – mas também sabia o preço que se paga pela intensidade dessa identificação e pela obediência incondicional. Antes de fazer vinte anos, eu tornara-me, fora e deixara de ser um sionista, um marxista, e um colono comunitário: não é feito de somenos para um adolescente londrino.

Assim, ao contrário dos meus contemporâneos de Cambridge, eu estava imune aos entusiasmos e à sedução da Nova Esquerda, e muito mais às suas derivações radicais: maoísmo, *gauchisme*, terceiro-mundismo, etc. Pelas mesmas razões, os dogmas estudantis da transformação anticapitalista e muito menos os cantos de sereia do feminino-marxismo ou das políticas sexuais em geral não me empolgaram, de todo. Era – e continuo a ser – desconfiado relativamente às políticas de identidade em todas as suas formas. O sionismo trabalhista tornou-me, quiçá algo prematuramente, um social-democrata universalista – consequência fortuita que teria horrorizado os meus mestres israelistas, tivessem eles acompanhado a minha carreira. Mas, claro, não o fizeram. Eu estava perdido para a causa e, por isso, na prática, «morto».

XII

BEDDER

Cresci sem criados. O que não é, de todo, surpreendente: antes de mais, éramos uma família pequena de classe média-baixa, que vivia numa casa pequena, de classe média-baixa. Antes da guerra, estas famílias geralmente podiam manter uma criada e, por vezes, também uma cozinheira. A verdadeira classe média, claro, vivia muito melhor. As várias funções de pessoal doméstico estavam perfeitamente ao alcance de um profissional liberal e da sua família. Mas na década de 50, os impostos e o aumento dos salários haviam deixado o pessoal doméstico fora do alcance de todos menos dos mais abastados. O melhor a que os meus pais podiam aspirar era uma ama, para mim – quando eu era miudito e a minha mãe trabalhava –, a que se seguiram algumas raparigas *au pair*, em anos posteriores, mais prósperos. Além disto, só uma mulher-a-dias de vez em quando, nada mais.

Por isso, não estava de todo preparado para Cambridge. Em linha com uma longa tradição, tanto Oxford como Cambridge empregavam pessoal cuja tarefa exclusiva era cuidar dos jovens. Em Oxford, estas pessoas eram conhecidas como «scouts»; em Cambridge, eram os «bedders». A distinção era uma questão de convenção – embora as palavras sugerissem (*) uma *nuance*

(*) *Scout*, no original, tem ampla aceção semântica, podendo designar um escuteiro, alguém que observa, deteta, procura, etc.; *bedder* tem por étimo *bed*, «cama», o que limita bastante o leque de aceções (*N.T.*).

interessante na forma de supervisão que se exigia que executassem – mas a função era idêntica. Dos *bedders*, tal como dos *scouts*, esperava-se que acendessem a lareira (nos tempos em que era este o aquecimento), limpassem os quartos dos jovens cavalheiros, fizessem as camas e mudassem os lençóis, se encarregassem de pequenas compras e, em geral, lhes prestassem todo o tipo de serviços que se presumia que a educação dos jovens cavalheiros os habituara.

É verdade que na descrição de funções estavam implícitos outros pressupostos. Os estudantes de Oxbridge, julgava-se, eram incapazes de desempenhar estas tarefas subalternas: porque nunca as tinham feito mas também porque as suas aspirações e interesses os punham acima de tais preocupações. Além disso, e talvez acima de tudo, o *bedder* era responsável por manter debaixo de olho a condição moral de quem tinha a seu cargo (em Oxford, os *scouts* por vezes eram homens, embora isso fosse raro na década de 60; na minha experiência, os *bedders* eram quase sempre mulheres).

Cheguei a Cambridge em 1966, na altura em que a instituição do *bedder* e as responsabilidades que lhes estavam confiadas – embora ainda não fossem anacrónicas – já estavam em tensão com os costumes culturais, em rápida mudança. No King's, pelo menos, eram cada vez mais os alunos que nunca haviam tido qualquer experiência de lidar com pessoal doméstico; e ficámos algo confusos com o primeiro encontro com uma mulher que, pelo menos formalmente, estava à nossa «disposição».

A maioria dos *bedders* eram senhoras de alguma idade, geralmente de famílias locais que já estavam ao serviço da faculdade ou da universidade há imenso tempo. Estavam, por isso, familiarizadas com a cultura de «serviço» e a interação subtil entre autoridade e humildade intrínseca às relações senhor/servo. Em meados da década de 60, nos quadros da faculdade ainda havia *bedders* que lá estavam desde o armistício de 1918. Sabiam o que esperar de rapazes adolescentes: como eram bastante mais velhas do que as nossas mães, não tinham qualquer problema em conseguir a mistura adequada de respeito e afeição.

Mas também havia *bedders* novas, mais jovens. Provenientes da mesma classe social das suas colegas mais velhas e, tal como elas, oriundas da comunidade rural da East Anglia, certamente que nos viam como os forasteiros incompetentes e privilegiados que éramos. Da nossa perspetiva, contudo, eram certamente exóticas: uma rapariga, muitas vezes poucos anos mais velha do que nós, que chegava de manhã cedo e fazia algo útil no nosso quarto. «Útil», neste sentido, restringia-se evidentemente a limpar a nossa porcaria: enquanto a Sr.ª (ou, podia ser, a Menina) Esfregona se afadigava bem disposta aos nossos pés, com as curvas roliças ao alcance da nossa imaginação adolescente, mas ainda assim intocável, fazíamos os possíveis por imitar um cavalheiro descontraído, que se afundava no cadeirão enquanto tomava café e lia o jornal.

É claro que a *bedder* não tinha ilusões, nem nós – embora ambas as partes tivessem interesse em fingir o contrário. A inibição de classe (já para não falar no risco de ser despedida) teria bastado para que a mulher se contivesse. Quando ao estudante universitário, mesmo que não tivesse experiência pessoal com este tipo de relacionamento, o período de aprendizagem sociocultural era extremamente rápido. No final do nosso primeiro semestre, tratávamos a *bedder* que nos fora atribuída como a sua condição merecia.

Se viesse à baila a questão do sexo, fazia parte das funções implícitas da *bedder* aplicar (comunicando a infração) o código e as regras morais da instituição. Na maior parte das faculdades de Oxbridge da altura, as raparigas estavam estritamente proibidas de passar a noite no quarto de um rapaz e tinham de sair da faculdade ou do dormitório o mais tardar até às 11 da noite: as autoridades assumiam literalmente as suas responsabilidades *in loco parentis*. Neste, tal como noutros aspetos, o King's era ligeiramente diferente – não nos regulamentos formais, mas sim na medida em que se os podia infringir com impunidade.

Por isso, a maioria a determinada altura teve uma rapariga na residência (por vezes, várias raparigas, embora nem todos tivessem essa felicidade): às vezes uma aluna de umas das três faculdades femininas, às vezes uma professora estagiária ou uma enfermeira da cidade, às vezes, e não tão raro quanto isso, alguém trazido da cidade natal. Os reitores e os tutores faziam vista grossa: sendo eles próprios boémios de classe média, de aspeto, se não de estilo, sorriam, bem dispostos, ante a infração às regras que deveriam fazer cumprir – cientes da auto-imagem da faculdade, cuidadosamente cultivada, de dissenssão radical e da sua longa tradição de sexualidade transgressora (ainda que esta fosse, até então, de variante homoerótica).

As *bedders*, claro está, viam as coisas de maneira diferente. Tal como os porteiros das faculdades e o pessoal administrativo, muitas vezes já desempenhavam o cargo há mais tempo do que os seus empregadores. Oriundas da classe camponesa ou operária, moralmente eram bastante mais conservadores do que a classe média intelectual e profissional sobre quem exerciam uma tutela informal e a quem reportavam. Divididas entre jovens travessos e os seus superiores indulgentes, as *bedders* de décadas anteriores podiam recorrer à moral convencional ou à opinião pública.

Mas nos anos 60 as velhas regras não se aplicavam – ou, pelo menos, estavam a tornar-se impraticáveis. E assim começou a emergir um novo conjunto de acordos tácitos, muito à imagem dos termos informais a que os Estados comunistas, no seu período final, se viram obrigados a recorrer para poderem sobreviver: fingimos conformar-nos e vocês fingem acreditar em nós. Creio que seriam poucos os que, mesmo em 1968, teriam a desfaçatez de mostrar à nossa *bedder* não só a prova da presença de uma jovem, mas a própria jovem. Por outro lado, já não achávamos que fosse preciso afadigar-nos ansiosamente a apagar as pistas: uma ou outra peça de roupa de senhora ou outro indício de companhia feminina noturna já acarretavam escasso risco de censura oficial. Agíamos como se a *bedder* julgasse que vivíamos uma vida monástica e contemplativa, e a *bedder* – cúmplice e algo divertida – nada fazia para nos desenganar.

Na verdade, a única vez que dei trabalho à minha *bedder* foi numa noite em que – algo pouco habitual em mim e por razões de que já não me lembro – cheguei ao quarto bêbado que nem um cacho e caí estendido em cima da cama... e acordei todo vomitado. Na manhã seguinte, a minha *bedder*, uma veterana já de idade chamada Rose, analisou a situação sem dizer palavra e meteu mãos à obra. Duas horas depois, eu estava limpo, vestido, sentado no meu cadeirão e de café na mão, morto de vergonha. Rose, ao comando da situação, devolveu a minha cama e os arredores à sua imaculada condição original, enquanto ia tagarelando sobre o trabalho da nora no supermercado. Ela nunca me falou no incidente, nem eu a ela, e a nossa relação não sofreu mossa.

Creio que nesse Natal ofereci à Rose uma caixa grande de chocolates. Aliás, não saberia que outra coisa fazer: ela era pobre e podia ter gostado que lhe desse dinheiro, mas a faculdade não via com bons olhos as gorjetas em dinheiro e eu também não estava em muito melhor situação do que ela. A diferença entre nós – afinidades culturais eletivas à parte – consistia nas nossas perspetivas de futuro, não na nossa condição contemporânea. Ambos percebíamos isto, ela sem dúvida muito melhor do que eu.

Uma década mais tarde, eu já era a autoridade: o patrão de Rose, por assim dizer. Como pertencia ao conselho diretivo do King's e seria, em breve, reitor associado, fazia parte das minhas funções repreender estudantes que tivessem um comportamento excessivo e impróprio. Nesta condição, em finais dos anos 70, uma vez tive de fazer a mediação entre um grupo de estudantes (rapazes e raparigas, pois o King's passara a ser misto em 1972) que haviam sido vistos nus nos relvados da faculdade, de madrugada, e a *bedder*, que ficara ofendida com esta falta de pudor. Os estudantes estavam estupefactos: naquela época pós-autoritária, para eles era incompreensível que alguém considerasse tal comportamento indecoroso, quanto mais «impróprio». Não era como se estivessem a «curtir à beira da estrada», como um deles me disse – uma referência a Paul McCartney que podiam presumir que um professor dos anos 60 conseguiria identificar.

A *bedder*, todavia, estava inconsolável. Não que não estivesse habituada à nudez. Vira gerações de jogadores de râguebi a conviver bêbados em cuecas, antes de caírem para o lado, num torpor alcoólico. Mas isto era diferente. Primeiro, havia raparigas envolvidas e isso incomodava-a. Segundo, ninguém se dera ao trabalho de disfarçar ou de se esconder. Terceiro, tinham-se rido do facto de ela ficar incomodada. Em suma, tinham violado as regras e ela sentia-se humilhada.

Os alunos em questão, vim a saber, eram na sua maioria de escolas públicas: a primeira geração de estudantes de origens modestas em ascensão na escala social. Também isto incomodava a *bedder*. Uma coisa era ser tratada de modo condescendente por cavalheiros jovens da velha guarda – que, como era hábito, teriam pedido desculpa na manhã seguinte e manifestado o seu arrependimento na forma de uma lembrança ou, até, com um abraço afetuoso e arrependido. Mas o novo tipo de estudante tratava-a como uma igual – e era também isto que a magoava. A bedder *não* era igual aos estudantes; nunca seria. Mas pelo menos tradicionalmente podia exigir, mesmo que fosse apenas durante os anos de estudante, a sua contenção e respeito. De que servia ser uma criada mal paga se isto já não se verificava? Se assim fosse, a relação ficava reduzida a um mero emprego, e nesse caso ela arranjaria melhor na fábrica de conservas.

As *nuances* deste encontro ter-me-iam escapado por completo se eu próprio não tivesse sido educado na fase final desta era de *noblesse oblige*. Tentei explicar aos alunos – que eram apenas dez anos mais novos do que eu – porque é que esta senhora de meia idade estava tão ofendida e incomodada. Mas eles apenas ouviam uma justificação para servidão numa época de igualitarismo retórico. Não estavam contra a instituição das *bedders*, de que eram os beneficiários. Apenas achavam que as mulheres deviam ser mais bem pagas: como se isto tornasse aceitável, para elas, as ofensas de classe e a vaidade ferida da perda de estatuto – absolvendo os rapazes e as raparigas, cujas camas faziam, das obrigações condescendentes da educação e consideração.

Os estudantes refletiam fielmente as disposições da época. Tal como os economistas dos nossos tempos – e apesar das suas predileções radicais tão ternamente expressas – os estudantes eram da opinião que todas as relações humanas se reduzem ao cálculo racional do interesse próprio. Com certeza que a *bedder* preferiria ganhar o dobro e aceder a fazer vista grossa a um comportamente que julgasse ofensivo, ou não?

Agora que penso no assunto, era a *bedder* que demonstrava perceber mais subtilmente as verdades fundamentais do intercâmbio humano. Sem se darem conta, os estudantes papagueavam uma visão capitalista redutora e empobrecida: o ideal das unidades de produção monádicas que maximizam a vantagem particular, indiferentes à comunidade ou à convenção. A *bedder* sabia que era mais do que isso. Podia ser semi-analfabeta e pouco instruída, mas os seus instintos fizeram com que percebesse, certeira, o intercâmbio social, as regras tácitas que o sustentam e a ética interpessoal *a priori* em que se baseia. Certamente que ela nunca ouvira falar em Adam Smith, mas o autor da *Teoria dos Sentimento Morais* teria sem dúvida aplaudido.

XIII

PARIS FOI ONTEM

O que aconteceu aos intelectuais franceses? Em tempo, tivemos Camus, «o herdeiro contemporâneo de uma longa linha de moralistas cujo trabalho constitui talvez aquilo que é mais característico das letras francesas» (Sartre). Tivemos o próprio Sartre. Tivemos François Mauriac, Raymond Aron, Maurice Merleau-Ponty, e a «*inénarrable* Mme De Beauvoir» (Aron). Depois vieram Roland Barthes, Michel Foucault e – mais controverso – Pierre Bourdieu. Todos podiam arrogar-se um prestígio significativo, por direito próprio, como romancistas, filósofos, ou simplesmente «homens de letras». Mas eram também, e acima de tudo, intelectuais franceses.

É certo que também há gente de muito prestígio fora de França: Jürgen Habermas, por exemplo, ou Amartya Sen. Mas quando pensamos em Habermas, a primeira coisa que nos vem à ideia é o seu trabalho como sociólogo. Amartya Sen é a principal exportação intelectual da Índia do último meio século – mas o mundo conhece-o como economista. Além destes, a alternar atabalhoadamente entre vários registos, temos Slavoj Žižek, cuja incontinência retórica sugere uma paródia periférica involuntária do original metropolitano. Com Žižek – ou, talvez, Antonio Negri – estamos entre intelectuais mais conhecidos por serem... intelectuais, no sentido em que Paris Hilton é famosa por ser... famosa.

Mas quando se fala de verdadeiros intelectuais, a maioria ainda olha para França – ou, mais precisamente, para Paris. Alain Finkielkraut, Julia Kristeva, Pascal Bruckner, André Glucksmann, Régis Debray e Bernard-Henri Lévy – os casos mais notórios atualmente – notabilizaram-se pelos seus vários contributos para debates e controvérsias em voga. Todos partilham entre si e com cada um dos ilustres antecessores a capacidade de discorrer, com confiança, sobre um leque notável de temas públicos e culturais.

Porque é que este tipo de coisa granjeia tanto respeito em Paris? Seria difícil imaginar um realizador americano ou inglês a fazer um filme como *Ma Nuit chez Maud* (1969), de Éric Rohmer, em que Jean-Louis Trintignant agoniza durante quase duas horas sobre se deve ou não dormir com Françoise Fabian, invocando, nestas duas horas, tudo, desde a aposta de Pascal sobre a existência de Deus à dialética da revolução leninista. Aqui, tal como em tantos outros filmes da altura, é a indecisão, e não a ação, que faz avançar o enredo. Um realizador italiano teria acrescentado sexo. Um realizador alemão teria acrescentado política. Para o francês, bastavam as ideias.

O apelo sedutor da intelectualidade francesa é inegável. Durante os meados do primeiro terço do século xx, qualquer aspirante a pensador, de Buenos Aires a Bucareste, vivia numa Paris mental. Como os pensadores franceses se vestiam de preto, fumavam *Gitanes*, discutiam teorias e falavam francês, nós imitávamo-los. Lembro-me perfeitamente de encontrar outros estudantes ingleses na Margem Esquerda e de mudar, constrangido, para francês. *Précieux*, é certo, mas *de rigueur*.

A própria palavra «intelectual», usada nesta aceção muito lisonjeira, teria certamente divertido o escritor nacionalista Maurice Barrès, o primeiro a usá-la, de forma pejorativa, para descrever Émile Zola, Léon Blum e outros defensores do «traidor judeu» Dreyfus. Desde então, os intelectuais têm «intervindo» em assuntos públicos delicados, invocando a autoridade especial do seu prestígio académico ou artístico (hoje, o próprio Barrès seria um «intelectual»). Não é por acaso que quase todos frequentaram apenas uma pequena e prestigiada instituição, a École Normale Supérieure.

Para percebermos o mistério da intelectualidade francesa, temos de começar pela École Normale. Fundada em 1794 para formar professores do ensino secundário, tornou-se o viveiro da elite republicana. Entre 1850 e 1970, licenciaram-se ali praticamente todos os intelectuais franceses de renome (só muito recentemente é que as mulheres começaram a ser admitidas): de Pasteur a Sartre, de Émile Durkheim a Georges Pompidou, de Charles Péguy a Jacques Derrida (que chumbou no exame de acesso, por duas vezes, antes de passar), de Léon Blum a Henri Bergson, Romain Rolland, Marc Bloch, Louis Althusser, Régis Debray, Michel Foucault, Bernard-Henri Lévy e os oito vencedores franceses da medalha Fields, para matemáticos.

Quando lá cheguei, nos anos 70, como *pensionnaire étranger*, a École Normale ainda reinava incontestada. Ao contrário do que é habitual em França, é um *campus* residencial, que ocupa um quarteirão calmo no meio do 5º *arrondissement*. Cada aluno tem o seu próprio quartinho, num quadrilátero que delimita uma praça que parece um parque. Além dos dormitórios, há salões, salas para conferência e para seminários, um refeitório, uma biblioteca de ciências sociais e a Bibliothèque des Lettres, uma magnífica biblioteca de acesso aberto, de um espólio e uma conveniência ímpares.

Os leitores americanos, habituados a bibliotecas de investigação bem apetrechadas em qualquer universidade pública, do Connecticut à Califórnia, terão alguma dificuldade em perceber o que isto significa: a maioria das universidades francesas parece-se com um instituto com pouca verba. Mas os privilégios dos *normaliens* vão muito além das bibliotecas e dos quartos. Entrar na ENS era (e é) extremamente exigente. Qualquer aluno de liceu que queira entrar terá de sacrificar mais dois anos, durante os quais é alimentado à força (vem-me à ideia a imagem dos gansos) com doses maciças de cultura clássica francesa e ciência moderna. Depois, tem de fazer o exame de admissão; o seu desempenho é ordenado com o de outros candidatos, com a publicação da lista das notas. Aos primeiros cem, mais coisa menos coisa, é oferecido um lugar na École – com um vencimento garantido para a vida, pressupondo que irão fazer carreira na função pública.

Assim, numa população de 60 milhões, esta academia humanista de elite forma apenas 300 jovens de cada vez. É como se todos os alunos que acabaram o liceu nos EUA fossem filtrados e menos de mil conseguissem lugar numa única instituição que agrega o estatuto e a distinção de Harvard, Yale, Princeton, Columbia, Stanford, Chicago e Berkeley. Por isso, não surpreende que os *normaliens* se tenham em alta conta.

Os jovens que conheci na École pareceram-me muito menos maduros do que os meus contemporâneos de Cambridge. Entrar em Cambridge não era coisa fácil, mas não impedia que se tivesse a vida normal de uma juventude atarefada. Contudo, ninguém entrava na École Normale sem sacrificar a sua adolescência para esse objetivo, e isso notava-se. Nunca deixou de me surpreender a quantidade imensa de coisas memorizadas a que os meus contemporâneos franceses podiam recorrer, o que sugeria um conhecimento empinado que por vezes era intragável. *Pâté de foie gras*, de facto. Mas o que estes intelectuais franceses em formação ganhavam em cultura, faltava-lhes amiúde em imaginação. Neste aspeto, o meu primeiro pequeno-almoço na École foi esclarecedor. Sentado à frente de um grupo de caloiros, de barba por fazer e de pijama, entretinha-me com a minha chávena de café. Subitamente, um jovem de ar sério, que se parecia com o jovem Trotsky, debruçou-se e perguntou-me (em francês): «Onde fizeste a *khâgne*?» – um curso preparatório intensivo, após o liceu. Expliquei-lhe que não fizera a *khâgne*: vinha de Cambridge. «Ah, então fizeste a *khâgne* em Inglaterra.» «Não», tentei novamente: «Nós não fazemos a *khâgne* – entrei aqui diretamente vindo de uma universidade inglesa».

O jovem olhou para mim com um imenso desprezo. Não é possível, explicou-me ele, entrar na École Normale sem passar primeiro pela preparação da *khâgne*. Uma vez que estás aqui, tiveste de fazer a *khâgne*. E com este floreado cartesiano, virou-me as costas e desviou a conversa para alvos mais dignos. Esta disjunção radical entre os indícios desinteressantes dos nossos próprios olhos e ouvidos, e as conclusões inquestionáveis a deduzir dos primeiros princípios, introduziram-me a um axioma cardeal da vida intelectual francesa.

Em 1970, a École vangloriava-se ter alguns pretensos «maoístas». Um deles, um matemático de talento, deu-se ao trabalho de me explicar porque é que a grandiosa Bibliothèque des Lettres devia ser arrasada: «*Du passé faisons table rase*» («façamos tábua rasa do passado). A lógica dele era impecável: o passado era, de facto, um impedimento à inovação sem restrições. Vi-me grego para lhe explicar porque é que mesmo assim seria um erro. Acabei por lhe dizer apenas que, no futuro, ele veria as coisas de modo diferente. «Uma conclusão muito inglesa», advertiu-me ele.

O meu amigo maoísta e os seus amigos nunca pegaram fogo à biblioteca (ainda que, numa noite, tenham feito uma tentativa hesitante para a arrombar). Ao contrários dos seus homólogos alemães e italianos, a franja radical do movimento estudantil francês nunca passou da teoria revolucionária à prática violenta. Seria interessante especular sobre o porquê de assim ter sido: não há dúvida de que, no ano em que lá estive, a violência retórica conseguia bastante atenção, pois os *normaliens* maoístas ocupavam periodicamente o refeitório e cobriam-no de palavras de ordem: *les murs ont la parole*. Contudo, não conseguiam fazer uma causa comum com outros estudantes igualmente «revoltados» na Sorbonne.

O que não nos deve surpreender. Naquela altura, ser um *normalien* em Paris conferia um capital cultural considerável, como diria Pierre Bourdieu (outro *normalien*). Ao virar o mundo às avessas, os *normaliens* tinham mais a perder do que a maioria dos estudantes europeus, e eles sabiam-no. A imagem (importada da Europa Central) do intelectual como um cosmopolita desenraizado – uma classe de homens supérfluos em conflito com uma sociedade incompreensiva e um Estado repressivo – nunca se aplicou em França. Em lado algum estavam os inteletuais mais *chez eux*.

Raymond Aron, que chegou à École em 1924, escreveu nas suas *Mémoires* que «nunca encontrei tantos homens tão inteligentes num só sítio». Eu diria o mesmo. A maioria dos *normaliens* que conheci viria a ter carreiras públicas ou académicas gloriosas (a exceção notável seria Bernard-Henri Lévy, de quem julgo que ainda assim se pode dizer que também ele cumpriu o seu potencial). Mas apesar de algumas exceções notáveis, eles mantiveram-se extremamente homogéneos como grupo: dotados, frágeis e curiosamente provincianos.

Nos meus tempos, Paris era o centro intelectual do mundo. Hoje em dia, parece marginal à discussão internacional. Os intelectuais franceses por vezes ainda causam algum entusiasmo, mas a luz que irradiam chega-nos como que de um sol distante – quiçá já extinto. Sintomaticamente, os jovens franceses ambiciosos dos dias de hoje vão para a École Normal d'Administration, viveiro de futuros burocratas. Ou então para uma faculdade de gestão. Os jovens *normaliens* continuam a ser brilhantes, mas desempenham um papel secundário na vida pública (nem Finkielkraut, nem Glucksmann, Bruckner ou Kristeva andaram na École). É uma pena. O esplendor intelectual não era o único trunfo da França mas – como a própria língua, outro ativo que vai definhando – era-lhe característico. Será que os franceses ficam melhor se se tornarem como nós, ou quase?

Quando penso nos meus tempos na Normale Sup', lembro-me do engenheiro (licenciado pela École Polytechnique, a equivalente da Normale para as ciências aplicadas) que em 1830 foi enviado pelo rei para observar os testes da «Rocket» de George Stephenson, na nova linha de caminho-de-ferro que fora inaugurada entre Manchester e Liverpool. O francês sentou-se ao lado da linha, a tomar uma profusão de notas enquanto a pequeno e robusta locomotiva puxou, sem falhas, o primeiro comboio entre as duas cidades, numa viagem de ida e volta. Depois de calcular judiciosamente o que acabara de observar, comunicou a Paris as suas conclusões: «A coisa é impossível», escreveu. «Não pode funcionar». Ora *aqui* estava um intelectual francês.

XIV

REVOLUCIONÁRIOS

Nasci em Inglaterra em 1948, suficientemente tarde para escapar ao recrutamento por alguns anos, mas a tempo dos Beatles: tinha 14 anos quando saiu «Love me Do». Três anos depois, apareceram as primeiras minissaias: já tinha idade para apreciar as suas virtudes, e suficientemente novo para as aproveitar. Cresci numa época de prosperidade, segurança e conforto – e por isso, aos 20 anos, em 1968, rebelei-me. Tal como tantos outros que nasceram depois da II Guerra Mundial, conformava-me com o meu inconformismo.

Não há dúvida de que os anos 60 foram uma boa altura para se ser jovem. Tudo parecia estar a mudar a um ritmo inaudito e o mundo parecia dominado pela gente jovem (o que se podia comprovar estatisticamente). Por outro lado, pelo menos em Inglaterra, a mudança podia ser ilusória. Enquanto estudantes, nós opúnhamo-nos veementemente ao apoio do governo trabalhista à guerra de Lyndon Johnson no Vietname. Lembro-me de um destes protestos em Cambridge, após uma palestra que ali proferiu Denis Healey, na altura ministro da Defesa. Perseguimos o carro dele até sair da cidade – um amigo meu, hoje casado com a alta-comissária da UE para os Negócios Estrangeiros, saltou para o *capot* e bateu nos vidros furiosamente, com os punhos.

Só quando o carro de Healey acelerou é que nos demos conta das horas – o jantar na faculdade iria começar dentro de minutos e não queríamos faltar. Ao regressar à vila, dei por mim a caminhar ao lado de um polícia fardado destacado para controlar a multidão. Olhámos um para o outro. «Como acha que correu a manifestação?», perguntei-lhe. Considerando a pergunta normal – não viu nela nada de mais – respondeu: «Oh, acho que correu muito bem, senhor.»

Cambridge, como é evidente, ainda não estava pronta para a revolução. Nem Londres: na manifestação tristemente célebre de Grosvenor Square, à porta da embaixada americana (uma vez mais, por causa do Vietname – tal como tantos outros contemporâneos, eu mobilizava-me prontamente contra qualquer injustiça cometida a milhares de quilómetros), entalado entre um polícia a cavalo enfadado e a vedação do parque, senti algo quente e húmido a escorrer-me pela perna. Incontinência? Uma ferida sangrenta? Não tive essa sorte. Rebentara-me no bolso uma bomba de tinta vermelha que eu tencionara atirar à embaixada.

Nessa mesma noite eu ia jantar com a minha futura sogra, uma senhora alemã de perfeito instinto conservador. Duvido que o facto de eu lhe aparecer à porta coberto, da anca ao calcanhar, por uma substância vermelha peganhenta fosse mudar, para melhor, a ideia cética que ela já tinha de mim – já a alarmara saber que a filha namorava um desses de esquerda, sujos, que andavam aos gritos de «Ho, Ho, Ho Chi Minh», que ela nessa tarde vira com desagrado na televisão. Eu, é claro, apenas lamentava que fosse tinta em vez de sangue. Para *épater la bourgeoisie.*

Para a verdadeira revolução, é claro, ia-se a Paris. Tal como tantos dos meus amigos e contemporâneos, viajei para lá na primavera de 1968, para ver – para inalar – o artigo genuíno. Ou, de qualquer modo, a interpretação assaz fiel do artigo genuíno. Ou, talvez, nas palavras céticas de Raymond Aron, um psicodrama desempenhado no palco onde em tempos o artigo genuíno fora encenado em repertório. Como Paris fora realmente o palco da revolução – aliás, muito do nosso entendimento visual do termo resulta daquilo que julgamos saber dos acontecimentos que ali ocorreram nos anos 1789-1794 – por vezes era difícil distinguir entre política, paródia, *pastiche*... e *performance*.

De um ponto de vista, tudo era como deveria ser: pedras do pavimento verdadeiras, problemas verdadeiros (ou suficientemente verdadeiros para os participantes), violência verdadeira, e, por vezes, vítimas verdadeiras. Mas a um outro nível, tudo parecia não ser muito sério: já na altura me era difícil acreditar que por baixo do pavimento estava a praia (*sous les pavés la plage*), e muito menos que uma comunidade de estudantes impudentemente obcecados com os planos para as férias de verão – no meio de manifestações e debates intensos, lembro-me de muitas conversas sobre férias em Cuba – queria realmente derrubar o presidente Charles de Gaulle e a sua V República. Ainda assim, eram os seus filhos que estavam nas ruas, e muitos comentadores franceses julgavam acreditar que isto poderia acontecer, pelo que estavam nervosos, e com razão.

Nada de sério aconteceu e fomos todos para casa. Na altura, julguei que Aron fora injustamente desdenhoso – o seu incómodo era motivado pelo entusiasmo sicofântico de alguns professores, arrebatados pelos chavões utópicos e insípidos das suas jovens alunas e em pulgas para se lhes juntarem. Hoje estaria disposto a partilhar o desdém, mas na altura pareceu-me excessivo. A coisa que mais parecia aborrecer Aron era que toda a gente se estava a *divertir* – apesar de todo o seu brilhantismo, ele não percebia que mesmo que divertir-se não seja o mesmo que fazer uma revolução, muitas revoluções começaram de forma divertida e com risos.

Um ano ou dois mais tarde fui visitar um amigo que estudava numa universidade alemã – Göttingen, creio. «Revolução», na Alemanha, afinal significava algo muito diferente. Ninguém se divertia. Para um olhar inglês, toda a gente parecia indescritivelmente séria – e assustadoramente preocupada com sexo. Isto era algo novo: os estudantes ingleses pensavam muito em sexo, mas, surpreendentemente, faziam pouco; os estudantes franceses eram muito mais ativos sexualmente (pelo menos assim me pareceu), mas mantinham o sexo e a política separados. Exceto por uma ou outra palavra de ordem de «faz amor, não a guerra», a política dos estudantes franceses era intensa e absurdamente teórica e árida. As mulheres participavam – quando participavam – para fazer café e como companheiras de cama (e como acessório visual para os fotógrafos de imprensa). Não admira que o feminismo radical tenha vindo logo a seguir.

Mas na Alemanha, a política era sobre sexo – e o sexo em grande parte sobre a política. Ao visitar uma residência estudantil (todos os estudantes alemães que conheci pareciam viver em comunas, partilhando grandes apartamentos antigos e as companheiras uns dos outros) fiquei espantado quando descobri que os meus contemporâneos na Bundesrepublik acreditavam realmente naquilo que diziam. Segundo me explicaram, uma abordagem rigorosa, sem complexos, ao sexo casual era a melhor maneira de nos livrarmos de quaisquer ilusões sobre o imperialismo americano – e era a purga terapêutica do legado nazi dos seus pais, caracterizado como sexualidade reprimida disfarçada de nacional-machismo.

A noção de que um jovem de 23 anos, na Europa Ocidental, podia exorcizar a culpa dos seus pais despindo-se (e à sua companheira) de roupas e inibições – rejeitando assim metaforicamente os símbolos da tolerância repressiva – pareceu ao meu esquerdismo inglês algo suspeita. Não era uma sorte que o antinazismo requeresse – aliás, fosse definido por – vários orgasmos? Mas, pensando bem, quem era eu para me queixar? Um estudante de Cambridge cujo universo político estava delimitado por polícias deferentes, e a consciência limpa de um país vitorioso, que não fora ocupado, talvez não fosse a pessoa mais adequada para avaliar as estratégias de purga dos outros.

Poder-me-ia ter sentido menos superior se soubesse o que estava a acontecer 400 quilómetros para leste. O que nos diz do mundo hermeticamente fechado da Guerra Fria, na Europa Ocidental, o facto de eu – um jovem estudante de história, bem informado, de ascendência judaica da Europa de Leste, fluente em várias línguas e muito viajado pela minha metade do continente – desconhecer por completo os acontecimentos cataclísmicos que na altura se desenrolavam na Polónia e na Checoslováquia? Atraído pela revolução? Então, porque não ir para Praga, sem dúvida a cidade europeia mais empolgante naquela altura? Ou Varsóvia, onde os meus jovens contemporâneos arriscavam a expulsão, o exílio e a prisão pelos seus ideais e ideias?

O que nos diz da desilusão do Maio de 68 que, em todos os nossos debates radicais, eu não me consiga lembrar de uma única alusão à Primavera de Praga, quanto mais à revolta estudantil polaca? Se tivéssemos sido menos provincianos (40 anos depois, é difícil transmitir a intensidade com que discutíamos a injustiça dos horários de entrada na faculdade), poderíamos ter deixado uma marca mais perene. Assim, podíamos discorrer noite dentro sobre a Revolução Cultural na China, as revoltas mexicanas, ou até as manifestações na Universidade de Columbia. Mas com exceção de um ou outro alemão mais desdenhoso que estava contente por ver que Dubček era apenas mais um vira-casacas reformista, ninguém falava da Europa de Leste.

Em retrospetiva, não posso deixar de pensar que perdemos a oportunidade. Marxistas? Então, porque não estávamos em Varsóvia a debater os estilhaços do revisionismo comunista com o grande Leszek Kolakowski e os seus alunos? Rebeldes? Em que causa? A que preço? Mesmo os poucos audazes que eu conheci que tiveram a infelicidade de passar a noite na prisão, geralmente já estavam em casa à hora de almoço. Que sabíamos nós da coragem necessária para suportar duas semanas de interrogatório nas prisões de Varsóvia, a que se seguiam penas de prisão de um, dois e três anos para estudantes que tinham ousado exigir coisas que nós tínhamos como garantidas?

Apesar das nossas grandiosas teorias da história, não percebemos um dos seus pontos de viragem mais influentes. Foi em Praga e em Varsóvia, naqueles meses de verão de 1968, que o marxismo se estatelou. Foram os estudantes rebeldes da Europa Central que começaram a minar, a desacreditar e a derrubar, não só uns quantos regimes comunistas delapidados, mas o próprio ideal comunista. Se nos tivéssemos importado um pouco mais com o destino das ideias que invocávamos tão superficialmente, podíamos ter prestado mais atenção às ações e opiniões dos que haviam sido criados na sombra delas.

Ninguém se deve sentir culpado por nascer no local certo na altura certa. Nós, no Ocidente, fomos uma geração com sorte. Não mudámos o mundo; em vez disso, o mundo, obsequioso, mudou para nós. Tudo parecia possível: ao contrário dos jovens de hoje, nunca duvidámos de que haveria um trabalho interessante para nós e por isso não sentimos a necessidade de desperdiçar o nosso tempo em algo tão degradante como uma «faculdade de gestão». A maioria conseguiu empregos úteis na função pública ou no ensino. Dedicámos a nossa energia a discutir o que estava mal no mundo e como mudá-lo. Protestámos contra as coisas de que não gostávamos e ainda bem que o fizemos. Aos nossos olhos, pelo menos, fomos uma geração revolucionária. É uma pena que tenhamos perdido a revolução.

XV

TRABALHO

Sempre quis ser historiador. Tinha 12 anos quando comecei a calcular quantos anos demoraria até ter todos os cursos necessários. Como é que os historiadores ganhavam a vida? O único que a minha família alguma vez vira fora A. J. P. Taylor – e embora eu calculasse que ele fosse pago pelas suas distintas palestras televisivas, na altura em voga, nunca imaginei que fosse assim que os historiadores ganhavam a vida. Como se fazia «carreira» em história? Aliás, como é que se «faz carreira»? Planeamo-la, logo a começar na puberdade? Acontece, simplesmente? E se não acontecer? Havia ali futuro, mas até lá tinha de ganhar dinheiro.

O meu primeiro emprego foi na secção de música da livraria W. H. Smith, em Londres: aos 14, só estava autorizado a trabalhar aos sábados. A principal atração era a April, de 17 anos. Era ela que estava ao balcão e parecia-se com Janis, uma comentadora televisiva de música *pop* que na altura teve uma celebridade fugaz com o seu comentário característico sobre a trivialidade mais recente: «Oi'll give it foive!»(*).

Ainda estávamos AEB (Antes da Era Beatles) e as prateleiras estavam repletas com imitações pouco interessantes de Elvis. Os originais americanos – Gene Vincent,

---

(*) Optou-se por não se traduzir a expressão (*I'll give it five*, «Dou-te um cinco»), que transcreve um sotaque mais cerrado (*N.T.*)

Eddie Cochrane – estavam ligeiramente acima dos seus equivalentes britânicos (Cliff Richard, já na altura uma anedota, Adam Faith e muitos outros). O *jazz* interessava a uma minoria, o *folk* era praticamente desconhecido – pelo menos na High Street de Putney, onde eu trabalhava. Isto foi em em 1962 mas os anos 50 ainda imperavam.

Quatro anos mais tarde, como consegui entrar em Cambridge, saí do liceu e arranjei forma de ir para Israel, num cargueiro, trabalhando nele para pagar a passagem. O navio iria passar pelo canal de Kiel, que divide a península de Holstein, alguns quilómetros a norte de Hamburgo. Os vapores fretados não têm horários predeterminados – quando cheguei à doca de Kiel, nem sinal do *Hechalutz* (que vinha de Gdansk): devia estar «a chegar». Encontrei alojamento numa hospedaria local e de vez em quando ia deitando olho às eclusas do porto e do canal.

Kiel era soturna. Os estragos causados pela guerra haviam sido reparados, mas o resultado – como tantas vezes na Alemanha Ocidental no pós-guerra – era um espaço urbano pouco atrativo e desprovido de história ou variedade. A hospedaria era pouco convidativa: quando saía logo a seguir ao pequeno-almoço, só podia entrar ao fim da tarde. Um outro residente roubou-me o dinheiro; as visitas noturnas à doca, à espera da maré cheia e dos barcos que com ela vinham, eram alimentadas por sandes de salsicha – cortesia de um compreensivo vendedor ambulante. Finalmente, o *Hechalutz* emergiu da bruma do Báltico. Por um momento de euforia, ombros encolhidos contra o vento, vi-me como Gabin num filme de Marcel Carné: *Le Quai des Brumes*, talvez.

O comandante recebeu-me, desconfiado. Eu constava da lista, só que ele não sabia o que fazer deste viajante de 18 anos. «Que sabes fazer?, perguntou-me. «Bem», respondi, «falo francês, alemão e um pouco de hebraico» – como se me estivesse a candidatar a um trabalho temporário num gabinete de tradução. «Também eu; *az ma* (e que importa isso)?», foi a resposta desdenhosa. Indicaram-me a minha cabina e disseram-me para me apresentar na sala das máquinas na manhã seguinte. E foi ali, durante as quatro semanas seguintes, que fiz o turno das oito às 16 horas, por entre o barulho ensurdecedor dos pistões. O motor a diesel de um navio oceânico é algo que quase não requer manutenção. Só estava um engenheiro de turno, para supervisionar os vários manómetros e manípulos, e eu. A máquina emitia uma película espessa de massa gordurosa. O meu trabalho era limpá-la.

Nos primeiros dias, ia alternando entre esfregar as caldeiras a diesel e vomitar à neblina do mar do Norte. Mas acabei por me ambientar. Não havia por onde escolher – não podia ser promovido para trabalhos no convés. O contramestre (um israelita pouco falador, baixo e entroncado) uma vez mandou-me empurrar uns barris para debaixo da lona, prevendo uma borrasca que se avizinhava. Nem consegui que se mexessem e fui reencaminhado com desdém para os meus trabalhos subterrâneos. Na última noite da viagem, o comandante chamou-me e, nos seus modos bruscos, admitiu que estava surpreendido: «Nunca pensei que te aguentasses». Nem eu, disse para comigo.

O trabalho braçal não especializado num navio tem as suas compensações. Passava o turno da noite na ponte, com o oficial náutico, que era poucos anos mais velho do que eu, a ouvir música *pop* pirateada transmitida de Espanha, Portugal e Marrocos, enquanto o barco balouçava nas tempestades e vagas do Atlântico Oriental. Em Chipre fui apresentado às «senhoras mais bonitas de

Famagusta» e nessa mesma noite (sendo o mais jovem a bordo) rapei o bigode e vesti-me como a «senhora mais bonita do *Hechalutz*», para entreter uma tripulação perturbadoramente entusiasta. Foi a minha educação sentimental.

De regresso a casa, quando trabalhei numa fábrica de tijolos no Sussex revi a minha opinião sobre o trabalho braçal: o trabalho físico não especializado nada tem de nobre. É árduo, sujo e nada gratificante. O incentivo para evitar a supervisão, atalhar e fazer o menos que se pode é racional e irresistível. Logo que pude, troquei a fábrica de tijolos por uma série de outros trabalhos como motorista: sendo semiqualificados – mas não mais bem pagos – pelo menos estes permitiam-me ter autonomia e privacidade. Entre 1966 e 1970 fiz várias coisas: entreguei tapetes, material diverso em armazéns e artigos têxteis.

Quando me lembro dos meus dias a entregar artigos de mercearia pelo sul de Londres, espanta-me que as encomendas fossem tão pequenas. Uma dona de casa comum não pedia mais de duas caixas por semana. O resto comprava todos os dias na mercearia de bairro, na leitaria, no talho ou na praça. Os supermercados eram quase desconhecidos. As compras em quantidade não faziam sentido: a maioria das pessoas tinha uns frigoríficos muito pequenos e alguns nem isso. Na minha carrinha Morris, com o nome da família do merceeiro orgulhosamente escrito nos lados, eu podia levar no máximo 12 encomendas de cada vez. Hoje, uma ida típica ao hipermercado encheria o pequeno Morris com as compras de uma casa para a semana.

Em finais da década de 60, durante dois verões troquei as minhas carrinhas por viagens organizadas, a fazer de guia a estudantes americanas em viagem pela Europa Ocidental. O salário era razoável, os benefícios distintos. Naquele tempo, as raparigas de boas famílias americanas não viajavam sozinhas para a Europa; os pais preferiam recompensar a licenciatura com umas férias na Europa na companhia de outras jovens e de um acompanhante de confiança.

A empresa para a qual eu trabalhava gabava-se de só empregar estudantes de Oxbridge: por razões misteriosas, julgavam-nos invulgarmente adequados para a tarefa de acompanhar por vezes mais de 40 estudantes universitárias durante umas férias de nove semanas. Nestas excursões, todas as raparigas andavam na faculdade ou já se tinham licenciado, e contudo nenhuma delas viajara para fora dos EUA. A Europa, mesmo os locais mais conhecidos (Paris, Londres, Roma), era-lhes completamente desconhecida.

Uma noite no Waldstätterhof Seehotel, no Lago Lucerna, fui acordado às cinco da manhã por uma jovem da excursão em pânico. «Vem depressa, está alguém a tentar entrar no quarto da Lizbeth». Dois pisos abaixo, o rececionista da noite estava aos murros à porta do quarto, exaltado, a pronunciar de modo incoerente um nome de homem. Ignorei-o, disse quem era e abriram-me a porta. A Lizbeth estava sentada na cama, sem nada vestido. «Ele vai matar-nos!», sussurrou. Nos? Ela apontou para o roupeiro, de onde saiu um jovem louro em cuecas: o subchefe de cozinha do hotel. «É a mim que ele quer», disse o jovem, envergonhado, em alemão. Expliquei a situação à sua anfitriã americana: ficou desconcertada. «Há homens que se sentem atraídos por outros homens», clarifiquei. Magnificamente indiferente ao seu aspeto diáfano, Lizbeth olhou para mim enojada: «Em Biloxi não há».

Isto foi em julho de 1968. Nesse mesmo mês, em Munique, disse ao nosso motorista alemão do autocarro que nos levasse ao memorial de Dachau. Horst recusou logo: não havia lá nada que valesse a pena ver, e aliás é tudo propaganda americana. O Holocausto e os campos ainda não eram uma referência moral universal e não havia homossexuais no Mississípi. Isto foi tudo há muito tempo.

O meu último emprego foi no Blue Boar, um hotel que na altura embelezava o centro de Cambridge. Eu era o responsável pelos pequenos-almoços e trabalhava na cozinha, desde as cinco e meia da manhã até que chegasse o turno do almoço. Não havia estudantes universitárias, mas tirando isso era o cargo não-académico ideal. Tal como os intelectuais checos destacados para salas de caldeiras nos anos da «normalização» (embora, no meu caso, por opção), achei este tipo de trabalho ideal para poder ler bastante. Entre fazer uma torrada, preparar o café e fritar ovos para caxeiros-viajantes e familiares de visita, li grande parte da bibliografia secundária para a minha tese de doutoramento. Quando aprendemos a dominá-la, a cozinha de pedidos pequenos não só permite a vida intelectual: promove-a.

Pelo contrário, todo o trabalho monótono para-académico que habitualmente se impinge aos académicos impecuniosos – explicador de história para alunos de liceu, professor assistente, corrigir testes (fiz tudo isto) – ocupa a mente mas sem qualquer satisfação intrínseca. Pode-se pensar em coisas complicadas enquanto se conduz pelos subúrbios uma camioneta cheia de tapetes; mas trabalhar a contrarrelógio para corrigir testes à página não deixa espaço para muito mais.

Do Blue Boar fui diretamente para um cargo no King's College, em Cambridge. Isto nada tinha de predestinado: eu já fora rejeitado em variadíssimos concursos de admissão e certamente que teria arranjado um emprego permanente diferente se o King's não me tivesse salvado. A fortuna casual deste desfecho deixou-me uma perceção perene sobre a precariedade das carreiras: tudo podia ter sido diferente.

Julgo que não iria passar o resto da vida a fazer torradas no Blue Boar, a entregar tapetes ou a limpar motores a gasóleo. Também é improvável que fizesse carreira a acompanhar jovens pela Europa, por muito tentador que fosse. Mas parecia-me que talvez tivesse de recorrer a um ou outro destes empregos durante um período indefinido – uma perspetiva que me tornava extremamente compreensivo para com aqueles que, por acaso ou infelicidade, dão por si do lado errado da linha.

Continuamos presos à noção da era industrial de que o nosso trabalho nos define: mas isto é manifestamente falso para a esmagadora maioria das pessoas hoje em dia. Se vamos invocar chavões oitocentistas, faríamos melhor em citar «O Direito à Preguiça», um panfleto involuntariamente presciente do genro de Marx, Paul Lafargue, que sugere que a vida moderna irá proporcionar cada vez mais oportunidades para a autodefinição através do lazer e da distração. O trabalho irá desempenhar um papel felizmente cada vez mais pequeno.

Acabei a fazer o que sempre quisera fazer – e a ser pago, ainda por cima. Muita gente não tem tanta sorte. A maioria dos empregos é aborrecida: não enriquece nem sustenta. Ainda assim (como os nossos antecessores vitorianos), voltámos a considerar o desemprego uma condição vergonhosa: algo parecido com um defeito de carácter. Há comentadores bem pagos que são lestos a admoestar quem recebe o subsídio de desemprego quanto à baixeza da dependência económica, a impropriedade dos benefícios públicos e as virtudes do trabalho árduo. Deviam experimentar um dia.

XVI

MERITOCRATAS

Cheguei ao King's College, em Cambridge, em 1966. A nossa geração foi talvez uma – ou *a* – geração de transição. Já estávamos para lá de meados da década de 60 – os Mods já tinham aparecido e desaparecido e os Beatles estavam quase a gravar *Sgt. Pepper* – mas o King's em que me matriculei ainda era extraordinariamente tradicional. O jantar no Salão era formal, trajado – e obrigatório. Os alunos sentavam-se nos seus lugares, aguardavam que os professores chegassem, e então levantavam-se para assistir a uma longa fila de senhores idosos passar por eles, no seu caminho até à mesa(*) do corpo docente.

Neste caso, «idosos» não é termo relativo. Com Sir John Shepherd à cabeça (nascido em 1881 e antigo reitor), os Professores Eméritos geralmente incluíam Sir Frank Adcock (nascido em 1886), E. M. Forster (nascido em 1879) e outros igualmente veneráveis. Percebíamos de imediato a ligação entre uma geração de jovens nascida no bem-estar do pós-guerra e o mundo do King's do fim da era vitoriana: a era de Forster, Rupert Brooke e

---

(*) *High Table*, no original. Expressão sem realidade equivalente em português – literalmente, Mesa Alta – que designa as longas mesas para professores (e convidados) que há nos salões de jantar das faculdades inglesas mais tradicionais; normalmente, ainda que nem sempre, está mais elevada, sobre um estrado ou plataforma, do que as mesas dos alunos (*N.T.*)

John Maynard Keynes, que emanavam uma cultura e uma autoconfiança a que nunca poderíamos aspirar. Estes homens velhos pareciam misturar-se impercetivelmente com os retratos na parte de cima das paredes, gastos pelo tempo: sem ninguém no-lo dizer, a continuidade éramos nós.

E contudo, éramos um grupo inovador. Quando nos licenciámos, as togas, as borlas, os horários do portão e todo o livro de regras e pequenos regulamentos – tudo em vigor quando chegámos – eram agora objeto de uma nostalgia divertida. No meu primeiro semestre, sendo eu um jogador de râguebi entusiasta, embora medíocre, fui no autocarro da equipa até Oxford, para jogar (e perder) contra o New College. Regressámos tarde, por causa de uma tentativa frustrada para desmontar um dos urinóis do nosso anfitrião, e devido ao nevoeiro habitual no final do outono. Cheguei à porta da minha residência: ficara fechado cá fora – e não tinha um «passe noturno». Uma saraivada de pedras conseguiu acordar um amigo, que desceu as escadas, petrificado: «Não deixes que o guarda te ouça!». Escusado será dizer que seria muito complicado explicar esta história a um aluno do King's de hoje; mas teria sido igualmente implausível para alguém que tivesse chegado dois anos antes. A mudança deu-se abruptamente.

O King's orgulhava-se do entusiasmo com que acolhia a mudança e a rutura radical. O tutor mais antigo da altura teria explicado aos caloiros que os portões fechados e os regulamentos disciplinares deviam ser vistos com alguma bonomia. Isto pareceu-me demasiado duro para os porteiros e os guardas da residência, responsáveis por fazer cumprir as regras – uma introdução precoce à subtileza da escala social em Cambridge: sendo eles próprios boémios de classe média, em aspeto se não em estilo de vida, a maioria dos responsáveis sorria divertida a quebras dos regulamentos que se esperaria que fizessem cumprir.

A faculdade também era responsável pelo novo bar dos alunos, uma coisa pavorosa que foi instalada pouco depois de entrarmos. A par do estilo contemporâneo em todas as coisas, os Fellows aprovaram um *design* que se parecia com a sala de espera do aeroporto de Gatwick – e foi escolhido precisamente por essa razão: o King's (fundado em 1441) não devia ficar agarrado à sua herança, especialmente agora que tinha tantos jovens para quem o meio social de classe alta de Oxbridge nada significava. Sendo eu um dos novos homens do King's(*) – a primeira pessoa da minha família a acabar o ensino secundário, quanto mais ir para a faculdade –, posso dizer que teria preferido, de longe, o ambiente pesado de um clube de cavalheiros oitocentista ao sucedâneo, a ausência de classes do bar. Felizmente esta experiência não era representativa. A faculdade mantinha suficiente autoconfiança para proporcionar aos seus alunos uma sensação reconfortante de continuidade e identidade.

Para mim, alguém do sul de Londres que nunca fora além de Leicester, a nossa geração de homens do King's não era apenas socialmente mista, mas também geograficamente heterogénea. Pela primeira vez, conheci rapazes de Wirral, Yorkshire, Tyneside, East Anglia e da franja céltica. Tal como eu, eram o produto notável, em ascensão, das escolas públicas seletivas que não cobravam propinas: bem podíamos agradecer a nossa presença em Cambridge à Lei Butler de Educação, de 1944, embora para alguns de nós o fosso social a transpor fosse deveras substancial. A mãe de John Bentley, o primeiro rapaz a

---

(*) *Kingsmen*, no original, «homens do rei» (*N.T.*)

frequentar o King's vindo de uma escola pública ([1]), na festa de licenciatura explicou aos meus pais que sempre que as pessoas da sua rua lhe perguntavam pelo filho, ela tinha vontade de responder que ele estava «outra vez em Borstal» ([2]), uma resposta mais convincente, e até mais respeitável, do que confessar que andava a perseguir raparigas pelos relvados de Cambridge.

Certamente que algures na faculdade haveria ainda, ocultos, enclaves de rapazes de escolas particulares de elite; seriam a maioria? Mas só conheci uma pessoa dessas, o meu vizinho Martyn Poliakoff, tetraneto do Poliakoff que construiu o caminho-de-ferro russo, um excêntrico de cabelo espetado vindo de Westminster School, que viria a receber uma CBE ([*]), seria membro da Royal Society, e teria uma fama merecida como divulgador da química junto dos jovens. Não era, de todo, o membro típico da classe alta.

O meu King's era a encarnação da Grã-Bretanha meritocrática do pós-guerra. A maioria de nós chegara onde chegara por ter boas notas nos exames e, num grau surpreendente, fomos trabalhar em ocupações que refletiam os nossos talentos e interesses iniciais. O grupo de homens do King's que entrou em 1966 salientou-se pelas carreiras que escolheu. Mais do que qualquer grupo anterior, optámos pelo ensino, função pública, cargos de topo no jornalismo, as artes e pelo setor menos lucrativo das profissões liberais.

([1]) Escolas que haviam sido recentemente introduzidas, e que em breve se tornariam universais, que o Partido Trabalhista da altura queria que substituíssem todas as instituições de ensino seletivas.

([2]) Reformatório para delinquentes adolescentes.

([*]) Sigla para Commander of the Order of the British Empire, condecoração atribuída pelo soberano britânico (*N.T.*)

Por isso, é perfeitamente adequado que o mais promissor economista da nossa geração – Mervyn King – viesse a ser governador do Banco de Inglaterra, em vez de trabalhar na banca de investimento ou numa firma de fundos de investimento. Antes da nossa altura, os homens do King's de talento sem dúvida que tinham percursos semelhantes. Mas uma vista de olhos pelos obituários revela quantos deles regressaram aos negócios de família ou às profissões tradicionais dos seus pais e avós.

Quanto aos que vieram depois, é deprimente ver com que rapidez e em que quantidade os licenciados da década de 70 foram para o mundo da banca de investimento, do comércio e de ramos mais compensadores do direito. Talvez não os devêssemos criticar; na nossa época, ainda havia muitos empregos e podíamos gozar os últimos raios da prosperidade do pós-guerra. Mesmo assim, é evidente que as nossas afinidades eletivas estavam alhures.

Eu costumava perguntar aos meus contemporâneos por que razão tinham optado pelo King's. Um número surpreendentemente grande não tinha uma resposta direta: tinham-no escolhido pelo nome, porque admiravam a capela ou porque lhes soava distinto. Um punhado deles – economistas, na maioria – disse que fora por causa de Keynes. Mas eu candidatei-me ao King's por razões muito específicas. Como era rebelde na escola – desisti no 12º ano –, foi-me dito, secamente, pelos meus professores, que nenhum colégio de Oxbridge me ligaria. Mas o King's parecia-lhes, era suficientemente excêntrico para me considerar um candidato adequado. Não faço ideia se alguma outra faculdade teria aceitado a minha candidatura; felizmente, nunca tive que saber.

O ensino na faculdade era idiossincrático. A maioria dos meus supervisores – John Saltmarsh, Christopher Morris e Arthur Hibbert – era obscura, publicara pouco e só era conhecida das gerações de homens do King's. Graças a eles, adquiri uma pátina de autoconfiança intelectual, mas também um respeito perene por professores indiferentes à fama (e fortuna) e a qualquer consideração exterior ao cadeirão de supervisor.

Nunca fomos ensinado com o objetivo específico de nos sairmos bem nos Tripos – os exames finais em Cambridge. Os meus supervisores estavam essencialmente interessados no desempenho público, de qualquer tipo. Não que os resultados dos exames lhes fossem indiferentes; achavam apenas que o nosso talento natural faria com que nos saíssemos bem. Hoje em dia é difícil imaginar gente assim, quanto mais não seja porque estariam a prestar à faculdade um mau serviço, segundo o Exercício de Avaliação da Investigação, pelo qual o governo britânico avalia a «produção académica» e distribui os fundos em conformidade.

Talvez eu não seja a melhor pessoa para avaliar os anos 60 no King's. Permaneci lá como professor assistente e depois por mais seis anos, antes de me mudar para Berkeley, em 1978: as minhas memórias foram ofuscadas por acontecimentos posteriores. O King's de Noel Annan – reitor de 1956 a 1966 – estava a dar lugar ao de Edmund Leach (1966-1979), um antropólogo de fama mundial, da escola de Lévi-Strauss. A autoconfiança espontânea da geração de Annan [3] seria substituída por

---

[3] Ver Noel Annan, *Our Age: English Intellectuals Between the World Wars – A Group Portrait* (Random House, 1990), um relato invulgarmente autoconfiante de uma geração ainda não acometida pela introspeção.

um certo distanciamento irónico: com o reitor Leach nunca se tinha a sensação de que ele se preocupasse profundamente ou acreditasse implicitamente que a faculdade fosse um repositório do melhor que havia na dissensão liberal eduardiana. Para ele, era apenas mais um mito pronto para ser desconstruído.

Mas o que Leach realmente representava – mais do que Annan e certamente mais do que o intelectualmente banal John Shepherd – era inteligência pura: ênfase acentuada ainda mais quando lhe sucedeu o incomparável Bernard Williams. Durante algum tempo, integrei, na qualidade de membro mais recente, o conselho diretivo, com Williams, John Dunn, Sydney Brenner (Prémio Nobel da Medicina), Sir Frank Kermode, Geoffrey Lloyd (o historiador de ciência antiga) e Sir Martin Rees (astrónomo real). Nunca deixei de ter a sensação de que *isto* era conhecimento: inteligência, âmbito, e acima de tudo a capacidade (como Forster afirmou noutro contexto) de nos relacionarmos.

A minha grande dívida, embora na altura eu ainda não me desse plenamente conta, foi para com Dunn, que então era um jovem investigador e hoje é um distinto Professor Emérito. Foi John quem – durante uma longa conversa sobre o pensamento político de John Locke – penetrou no meu marxismo adolescente blindado e pela primeira vez me deu a conhecer os desafios da história intelectual. Fê-lo de modo muito simples, ouvindo com muita atenção tudo o que eu dizia, considerando-o com toda a seriedade nos seus próprios termos e, depois, desmontando tudo de forma calma e firme, de um modo que eu poderia aceitar e respeitar.

Ensinar é isto. É também uma espécie de liberalismo: que discute, de boa-fé, opiniões discordantes (ou apenas erradas) de um amplo espetro político. Certamente que esta tolerância intelectual não se confinava ao King's. Mas quando ouvia amigos e contemporâneos a descrever as suas experiências noutros sítios, por vezes punha-me a pensar. Noutros estabelecimentos de ensino, os professores por vezes pareciam desligados e atarefados, ou então profissionalmente absortos, naquele estilo dos departamentos académicos americanos que é menos apelativo.

Hoje, há mais disto no King's do que havia. Tal como em tantos outros aspetos, creio que a nossa geração teve sorte: tivemos o melhor de dois mundos. Promovidos, por mérito, a uma classe e a uma cultura que estavam de saída, tivemos a vivência de Oxbridge mesmo antes do declínio – pelo qual, confesso, a minha própria geração, desde que ascendeu ao poder e aos cargos, é em grande parte responsável.

Durante 40 anos, o ensino britânico tem sido sujeito a uma sequência catastrófica de «reformas» que visam restringir o seu legado elitista e institucionalizar a «igualdade». O caos criado no ensino superior foi bem resumido por Anthony Grafton nesta revista [4], mas o estrago mais grave foi no secundário. Decididos a destruir as escolas públicas seletivas que permitiram à minha geração uma excelente educação a expensas do Estado, os políticos impuseram ao setor público um sistema que fomenta a uniformidade, mas por baixo.

O resultado, previsível à partida, foi o florescimento das escolas particulares seletivas. Pais desesperados pagam propinas substanciais para livrarem os seus filhos de escolas públicas disfuncionais; as universidades estão

---

[4] Anthony Grafton, «Britain: The Disgrace of the Universities», *The New York Review*, 8 de abril de 2010.

sob uma pressão incrível para admitirem candidatos pouco qualificados oriundos destas escolas e, por isso, baixaram o seu grau de exigência para a admissão; cada novo governo instituiu reformas que visavam retificar as «iniciativas» falhadas dos seus antecessores.

Hoje em dia, quando o governo britânico estipula que 50 por cento dos alunos que concluem o liceu devem ir para a faculdade, o fosso que separa a qualidade da educação da minoria que frequenta o ensino particular do restante é maior do que em qualquer outra altura desde a década de 40. Aqueles têm sistematicamente melhores resultados do que os seus pares ensinados pelo Estado – um segredo sujo que ninguém quer admitir mas que deixa os governos trabalhistas em pânico. De facto, é curioso que se amaldiçoe as escolas particulares por prosperarem no mercado quando se recompensa entusiasticamente os banqueiros por fazê-lo.

Os sucessivos ministros da Educação têm autorizado e incentivado «academias» – reintroduzindo subrepticiamente (com a ajuda de dinheiro privado) o mesmo processo de seleção de cuja abolição, alegando razões igualitárias, se vangloriaram em tempos, tão orgulhosos. Entretanto, agora temos no governo britânico mais formados por escolas particulares do que nas últimas décadas (17, pelas minhas contas) – e o primeiro antigo aluno de Eton a ser primeiro-ministro desde 1964. Talvez devêssemos ter ficado pela meritocracia.

Nas minhas visitas ocasionais a Cambridge, fico impressionado com o ar de dúvida e de declínio. Oxbridge não resistiu à vaga demagógica: o que, na década de 70, começou por ser uma auto-irrisão («Aqui no King's temos 500 anos de regras e tradições mas não as levamos muito a sério, Ah! Ah!») tornou-se numa autêntica confusão. A preocupação sincera e introspetiva com o igualitarismo que fomos encontrar em 1966 parece ter descambado numa obsessão doentia em manter as aparências de ser o tipo de lugar que nunca teria critérios de seleção elitistas ou práticas socialmente distintivas de nenhum género.

Não sei se haverá algo a fazer quanto a isto. O King's, tal como muita coisa na Grã-Bretanha contemporânea, tornou-se um local histórico. Celebra um legado de dissidência, sem convenções e preocupação para com a hierarquia: olhem para nós – somos tão *diferentes*. Mas não se pode celebrar as nossas qualidades de singularidade a não ser que tenhamos uma noção fundamentada daquilo que conferiu distinção e valor. As instituições precisam de grandes tradições e receio bem que o King's – tal como Oxbridge em geral – esteja desfasado das suas.

Desconfio que tudo isto começou precisamente naqueles anos de transição em meados da década de 60. É claro que nós nada percebemos. Tivemos as tradições *e* as transgressões; as continuidades *e* a mudança. Mas o que legámos aos nossos sucessores foi algo muito menos substancial do que aquilo que nós próprios havíamos herdado (uma verdade genérica para a geração *baby--boom*). Liberalismo e tolerância, indiferença à opinião externa, uma noção altiva de distinção a par das lealdades políticas progressivas; são contradições com que se pode lidar, mas só numa instituição que não receia afirmar a sua forma específica de elitismo.

As universidades *são* elitistas: o seu propósito é selecionar o grupo mais capaz de uma geração e educá-lo o melhor que sabe – aumentando a elite e renovando-a, constantemente. Igualdade de oportunidades e igualdade de resultados não são a mesma coisa. Uma sociedade dividida pela riqueza e pela herança não pode combater esta injustiça disfarçando-a em instituições de ensino – negando a distinção de capacidades ou restringindo a oportunidade seletiva – ao mesmo tempo que favorece um fosso de rendimento que lenta e gradualmente se vai cavando, em nome do mercado livre. Isto é mera falácia e hipocrisia.

Na minha geração, considerávamo-nos simultaneamente radicais e membros de uma elite. Se isto parece incoerente, é a incoerência de um certo legado liberal que nós intuitivamente absorvemos nos nossos anos de faculdade. É a incoerência do aristocrata Keynes a criar o Royal Ballet e o Arts Council para benefício de todos, mas certificando-se de que era gerido por peritos. É a incoerência da meritocracia: dar a todos uma hipótese e depois premiar o talento. Era a incoerência do meu King's e tive a sorte de a viver.

XVII

PALAVRAS

Fui criado com palavras. Elas caíam da mesa da cozinha ao chão, onde eu estava sentado: avô, tios e refugiados atiravam uns aos outros russo, polaco, iídiche e uma espécie de inglês, numa cascata competitiva de afirmação e interrogação. Os destroços opinativos do Partido Socialista da Grã-Bretanha da era eduardiana andavam pela nossa cozinha a promover a Verdadeira Causa. Passei muitas horas felizes a ouvir autodidatas da Europa Central em discussões acesas noite dentro: *Marxismus, Zionismus, Socialismus.* Falar, parecia-me, era a razão de ser da existência adulta. Nunca deixei de ter essa sensação.

E eu – para encontrar o meu lugar – também falava. Para as festas, decorava palavras, representava-as, traduzia-as. «Oh, vai ser advogado», diziam. «Há de ser encantador»: algo que tentei em vão nos parques, antes de aplicar o aviso na sua aceção londrina, sem grande efeito, na minha adolescência. Na altura já passara da intensidade da conversa poliglota para a elegância distinta de um inglês da BBC perfeito.

Os anos 50 – quando andei na escola primária – foram uma época cheia de regras no uso e no ensino da língua inglesa. Éramos instruídos para o facto ser inaceitável de a mínima transgressão sintática. O «bom» inglês estava no auge. Graças à rádio BBC e às atualidades no cinema, havia normas nacionalmente aceites para o uso correto da língua; a autoridade de classe e de região determinavam não só como se dizia as coisas, mas o tipo de coisa que era apropriado dizer: havia imensos «sotaques» (incluindo o meu), mas estavam hierarquizados em função da respeitabilidade: geralmente, em função do estatuto social e da distância geográfica em relação a Londres.

Fui seduzido pelo brilho da prosa inglesa no seu apogeu evanescente. Estávamos na época da literacia de massas cujo declínio Richard Hoggart previu no seu ensaio elegíaco *The Uses of Literacy* (1957). Através da cultura, ia surgindo uma literatura de protesto e revolta. De *Lucky Jim* a *Look Back in Anger*, passando pelas peças de teatro de realismo social do final da década, as fronteiras de classe da respeitabilidade asfixiante e o uso «correto» da língua estavam debaixo de fogo. Mas os próprios bárbaros, nos seus assaltos à tradição, recorriam às cadências perfeitas do inglês-padrão: ao lê-los, nunca me ocorreu que para nos rebelarmos teríamos de eliminar a boa forma.

Quando entrei na faculdade, as palavras eram uma «coisa» minha. Tal como um professor na altura observou, ambíguo, eu tinha o talento de um «orador eloquentíssimo» – que combinava (como ingenuamente acreditei) a confiança herdada do meio com a vantagem decisiva de quem vem de fora. Os tutores de Oxbridge recompensam o estudante verbalmente competente: o estilo neo-socrático («porque escreveu isto?», «o que quis dizer com isto?») convida o recipiente solitário a explicar-se em detalhe, enquanto deixa em desvantagem o aluno tímido, pensativo, que prefere ficar na última fila. A minha fé egoísta na eloquência foi reforçada: não só era prova de inteligência, mas a própria inteligência.

Será que me ocorreu que, neste contexto pedagógico, o silêncio do professor era crucial? De facto, silêncio era coisa a que eu nunca fora muito bom, fosse como aluno ou como professor. Ao longo dos anos, alguns dos meus colegas mais impressionantes eram introvertidos a ponto de não se expressarem bem em debates e mesmo em conversas, pensando bem antes de se decidirem. Sempre lhes invejei esta contenção.

A eloquência é geralmente considerada um talento agressivo. Mas para mim as suas funções eram essencialmente defensivas: a flexibilidade retórica permite uma proximidade fingida – transmite proximidade mantendo a distância. É isto que fazem os atores – mas o mundo não é propriamente um palco e o exercício tem algo de artificial: vemos isso no atual presidente dos EUA. Também eu já convoquei a linguagem para afastar a intimidade – o que explica talvez uma inclinação romântica pelos protestantes e pelos americanos nativos, ambas culturas reticentes.

Em questões de linguagem, é claro, quem está de fora é enganado amiúde: lembro-me de um sócio americano da firma de consultoria McKinsey me explicar uma vez que, quando esteve em Inglaterra a fazer o primeiro recrutamento, se revelou quase impossível escolher sócios júniores – toda a gente parecia tão eloquente e as análises saíam-lhes sem esforço da caneta. Como distinguir quem era esperto e quem era apenas sofisticado?

As palavras podem enganar – perniciosas e falsas. Lembro-me de ficar cativado pela história de fantasia da União Soviética tecida pelo velho trotskista Isaac Deutscher nas Trevelyan Lectures que proferiu em Cambridge (publicadas em 1967 com o título *The Unfinished Revolu-*

tion: Russia 1917-1967). A forma transcendia o conteúdo de forma tão elegante que aceitávamos este último por uma questão de confiança: a desintoxicação demorou algum tempo. A mera facilidade retórica, por muito apelativa que seja, não tem de significar necessariamente originalidade e profundidade de conteúdo.

Ainda assim, a dificuldade em expressarmo-nos sugere certamente um defeito de pensamento. Esta noção poderá parecer algo estranha a uma geração aclamada pelo que está a tentar dizer, em vez daquilo que foi dito. A eloquência *per se* tornou-se um objeto de suspeição na década de 70: o afastamento da «forma» favoreceu o reconhecimento acrítico da mera «autoexpressão», principalmente na sala de aula. Mas uma coisa é incentivar os alunos a expressarem livremente as suas opiniões, e termos cuidado para não as abafar sob o peso da autoridade imposta prematuramente, outra, bem diferente, é os professores recusarem a crítica formal na esperança de que a liberdade assim concedida possa favorecer o pensamento independente: «Não te preocupes como o dizes, o que conta são as ideias».

Quarenta anos volvidos desde a década de 60, já não restam muitos professores com a autoconfiança (ou a formação) para detetar um expressão infeliz e explicar com clareza porque é que ela inibe a reflexão inteligente. A revolução da minha geração desempenhou um papel importante nesta evolução: não se deve subestimar a prioridade concedida ao indivíduo autónomo em todas as esferas da vida – «fazer a nossa cena» assumiu uma forma diversificada.

Hoje em dia, na linguagem como na arte, prefere-se a expressão «natural» ao artifício. Irrefletidamente, julgamos que a verdade, tal como a beleza, é assim mais eficazmente transmitida. Alexander Pope sabia que não(¹). Durante vários séculos, na tradição ocidental, a qualidade do modo como se expressava uma opinião correspondia intimamente à credibilidade da argumentação. Os estilos retóricos podiam variar, do espartano ao barroco, mas o estilo em si nunca ficava indiferente. E «estilo» não era apenas uma frase bem formulada: a expressão deficiente traía um pensamento deficiente. Palavras confusas sugeriam ideias confusas, na melhor das hipóteses, dissimulação, na pior.

A «profissionalização» da escrita académica – e a tentativa, consciente, dos humanistas de conseguirem a segurança da «teoria» e da «metodologia» – favorece o obscurantismo. Isto encorajou o aumento da moeda falsa da eloquência «popular» superficial: na disciplina da história tal é ilustrado pela ascensão do «comunicador televisivo», cuja atratividade resulta precisamente da sua pretensão em atrair uma audiência de massas numa época em que os outros estudiosos perderam o interesse na comunicação. Mas enquanto uma geração anterior de académicos populares expunha a sua autoridade como autores em textos simples, os escritores «acessíveis» dos nossos dias projetam-se desconfortavelmente na consciência do público. A atenção do público dirige-se para o comunicador, não para o tema.

A insegurança cultural gera o seu sósia linguístico. O mesmo vale para os avanços técnicos. Num mundo do Facebook, MySpace e Twitter (para não falar em mensagens sms) a alusão concisa substitui a exposição. Onde

---

(¹) «True Wit is Nature to Advantage drest, What oft was Thought, but ne'er so well Exprest» – Alexander Pope, *Essay on Criticism* (1711). [Numa tradução livre: «A verdadeira inteligência é a natureza vestida dê vantagem, o que amiúde se pensou, mas nunca tão bem se expressou» (*N.T.*)]

em tempos a internet pareceu uma oportunidade para a comunicação sem restrições, o viés cada vez mais comercial do meio – «eu sou o que compro» – trouxe um empobrecimento muito próprio. Os meus filhos já notam na sua geração que a estenografia comunicativa dos seus aparelhos começou a permear a própria comunicação: «as pessoas falam como nos sms».

Isto devia preocupar-nos. Quando as palavras perdem a sua integridade, assim sucede com as ideias que expressam. Se privilegiamos a expressão pessoal à convenção formal, então estamos a privatizar tanto a linguagem como fizemos com tudo o resto. «Quando *eu* uso uma palavra», disse o Humpty Dumpty, em tom bastante desdenhoso, «ela significa aquilo que eu escolho que signifique – nem mais nem menos. «A questão é», disse a Alice, «se *consegues* fazer as palavras significarem tantas coisas diferentes». Alice tinha razão: o resultado é a anarquia.

Em «A Política e a Língua Inglesa», Orwell censurou os seus contemporâneos por utilizarem a linguagem para mistificar em vez de informar. A sua crítica visava a má-fé: as pessoas escrevem mal porque estão a tentar dizer algo vago ou, então, a prevaricar propositadamente. O nosso problema, parece-me, é diferente. A prosa de má qualidade revela insegurança intelectual: falamos e escrevemos mal porque não nos sentíamos confiantes do que pensamos e estamos relutantes em afirmá-lo de forma inequívoca («É apenas a minha opinião...»). Em vez de sofrermos logo à partida de «novilíngua», arriscamo-nos à ascensão da «não-língua».

Estou hoje mais ciente destas considerações do que em qualquer outra altura no passado. Nas mãos de uma doença neurológica, estou rapidamente a perder o controlo das palavras no preciso momento em que a minha relação com o mundo ficou reduzida a elas. Ainda se alinham com impecável disciplina, e um âmbito intacto, no silêncio dos meus pensamentos – a vista de dentro é tão rica como sempre – mas já não as consigo veicular com facilidade. Os sons vocálicos e as consoantes sibilantes escorregam-se-me da boca, informes e imperfeitos mesmo para o meu colaborador mais próximo. O músculo vocal, durante 60 anos o meu *alter ego*, está a falhar. Comunicação, desempenho, asserção: são estes agora os meus bens *mais fracos*. Traduzir o ser em pensamento, o pensamento em palavras e as palavras em comunicação estará em breve além das minhas capacidades e ficarei confinado à paisagem retórica das minhas reflexões internas.

Embora seja agora mais compreensivo para com aqueles obrigados ao silêncio, continuo desdenhoso da linguagem falaciosa. Como já não a posso praticar, hoje mais do que nunca aprecio o quão importante a comunicação é para a república: não apenas os meios pelos quais vivemos em conjunto, mas parte daquilo que significa viver em conjunto. A riqueza de palavras com que cresci era por si só um espaço público – e espaços públicos devidamente preservados é o que hoje em dia tanta falta faz. Se as palavras precisarem de ser reparadas, o que as substituirá? Elas são tudo o que temos.

Parte III

XVIII

VAI PARA OESTE, JOVEM JUDT

A América não é o destino de eleição de toda a gente. Pouca gente acorda de manhã e diz para consigo: «Estou farto do Tajiquistão – vamos viver para a América!». Depois da guerra, os meus pais ficaram desencantados com a Inglaterra (sentimento generalizado naqueles anos sombrios); mas, tal como tantos dos seus contemporâneos britânicos, olharam naturalmente para o Ultramar. Nas ruas da minha infância, as mercearias e os talhos anunciavam borrego e queijo da Nova Zelândia, carneiro australiano e *sherry* da África do Sul – mas os produtos americanos eram raros. No entanto, os planos para mudar para a Nova Zelândia (e criar ovelhas?) foram subitamente frustrados pela circunstância e pelas cicatrizes de tuberculose do meu pai. Nasci por isso em Londres e já tinha quase 30 aquando da minha primeira visita à América.

Toda a gente julga que conhece os Estados Unidos. Aquilo que se «conhece», é claro, depende bastante da idade que temos. Para os europeus mais velhos, a América é o país que chegou tarde, os salvou da sua história e os irritou com a sua prosperidade autoconfiante: «Que se passa com os ianques?» «Recebem dinheiro a mais, têm sexo a mais e estão aqui a mais» (*) – ou, numa variante londrina que aludia à roupa interior barata de

---

(*) *They're overpaid, oversexed, and over here* (N.T.)

senhora fornecida durante a guerra, ao abrigo de um programa governamental: «Já conheces as novas cuecas económicas? Um ianque e já está» (*).

Para os europeus ocidentais que cresceram na década de 50, a «América» era Bing Crosby, Hopalong Cassidy e os dólares sobrevalorizados que fluíam copiosamente dos bolsos dos turistas americanos do Midwest. Na década de 70, os quadros mudara do Oeste dos *cowboys* para os desfiladeiros da Manhattan do tenente Kojak. A minha geração substituiu entusiasticamente Bing por Elvis, e Elvis pela Motown e os Beach Boys; mas não fazíamos a menor ideia do verdadeiro aspeto de Memphis ou Detroit – ou até mesmo do sul da Califórnia.

A América era, por isso, intensamente familiar – e completamente desconhecida. Antes de aqui chegar, eu lera Steinbeck, Fitzgerald e alguns autores sulistas extraordinários que escreviam contos. Entre isto e uma dieta de *film noir* dos anos 40, tinha certamente imagens visuais dos Estados Unidos. Mas nada era coerente. Além disso, tendo nascido, como a maioria dos europeus, num país que podia atravessar a pé em alguns dias, não tinha a menor noção da escala e variedade do país.

Cheguei aos EUA pela primeira vez em 1975. Quando desembarquei em Boston, devia ligar a um amigo de Harvard com quem iríamos ficar – mas para a cabina telefónica precisava de uma moeda de dez cêntimos, moeda essa que eu nem conseguia identificar (Kojak nunca as usava). Valeu-me um polícia simpático, muito divertido com a minha ignorância sobre a numismática americana.

(*) Trocadilho intraduzível que joga com *Yank* (ianque) e *yank*, o ato de puxar bruscamente (*N.T.*)

A minha mulher inglesa e eu tínhamos planeado atravessar o país de carro, até Davis, na Califórnia, onde me tinham convidado para dar aulas durante um ano. Eu pensara em comprar um carocha usado, mas o primeiro vendedor que encontrei convenceu-me a comprar um Buick LeSabre de 1971: cor de ouro, mudanças automáticas e quase cinco metros e meio de comprimento, que consumia 35 litros aos cem com vento a favor. A primeira coisa que fizemos com o Buick foi ir a uma pizaria. Em Inglaterra, as pizas ainda eram raras – e pequenas: uma pizza grande tinha 18 centímetros de diâmetro e menos de um centímetro de espessura. Por isso, quando o rapaz ao balcão nos perguntou que tamanho, respondemos sem hesitar: «grande» – e pedimos duas. Ficámos de boca aberta quando nos apresentaram duas caixas de cartão enormes, cada uma com uma piza de 40 centímetros, à moda de Chicago, que dava para dez pessoas: o meu primeiro aviso sobre a obsessão americana com o tamanho.

Com pouco dinheiro, iniciámos viagem em direção a oeste – só parávamos para nos reabastecer e ao nosso Buick sedento. O primeiro motel americano em que fiquei ficava em Sioux Falls, no Dakota do Sul. Os preços pareceram-me tão inacreditavelmente baixos que perguntei, algo hesitante, se podíamos mudar para um quarto com chuveiro. O rececionista, depois de fingir que não percebia o meu sotaque, explicou, com um desdém indisfarçável, que «todos os nossos quartos têm chuveiro». Para um ouvido europeu, isto era implausível: só quando vimos é que realmente acreditámos. Aviso nº 2: os americanos têm a mania da limpeza.

Quando chegámos a Davis, via Rapid City, Dakota do Sul («Onde acabou a Guerra do Gado») e Reno, já tínhamos adquirido um respeito considerável pela América profunda, se não pelos carros americanos. É um país «grande» – céu grande, montanhas grandes, campos grandes – e, além disso, bonito. Até os aspetos inquestionavelmente feios são de certa forma domesticados pelo seu enquadramento: as bombas de gasolina e os motéis rascas que há durante quilómetros a oeste de Amarillo seriam catastróficos para qualquer paisagem europeia (as suas equivalentes italianas à entrada de Milão são grotescas), mas no contexto mais lato do Texas Ocidental diluem-se romanticamente na neblina do entardecer.

Desde essa viagem transcontinental, já atravessei o país sete vezes. As localidades estabelecidas há muito – Cheyenne, Knoxville, Savannah – têm a continuidade do seu lado. Mas quem poderia gostar da Houston, da Phoenix ou da Charlotte dos nossos dias? Montes desoladores de edifícios de escritórios e cruzamentos de autoestrada, que se afadigam ilusoriamente das nove às cinco, antes de morrerem ao crepúsculo. Qual Ozymandias, estas migrações irão desaguar outra vez no pântano ou no deserto de onde vieram logo que a água se esgote ou o preço da gasolina lhes ponha fim à existência.

Depois temos as localidades costeiras antigas, tranquilizadoramente fundadas no passado colonial do país. Quando cheguei a Nova Orleães sem um tostão (tinham-me assaltado numa lavandaria pública), tive uma proposta para guiar um carro até Harrisburg, na Pensilvânia, para levar um defesa da equipa principal dos Pittsburgh Steelers. O veículo era um desportivo americano longo, esguio, que tinha no *capot* a gravura de um tigre deitado lascivamente num casaco de peles. Previsivelmente, fomos parados a cada 80 quilómetros: o polícia da brigada de trânsito que nos mandava parar aproximava-se do vidro, gingão, pronto a descompor um tipo confiante que ia a acelerar no seu carro de chulo... para dar com um tutor de Cambridge baixinho e a sua mulher aterrorizada. Passado algum tempo começámos a gozar o efeito.

Uma vez, em North Platte, no Nebraska, tive uma epifania negativa. No meio de nenhures, a centenas de quilómetros de algo que se parecesse com uma cidade e a milhares de quilómetros da água salgada mais próxima: se *eu* me sentia isolado, rodeado por milharais de 2,5 metros, como seria viver num lugar assim? Não admira que os americanos estejam profundamente desinteressados daquilo que o resto do mundo está a fazer ou o que pensa deles. Império do Meio? Os chineses nem faziam ideia.

As pequenas cidades e povoações que pontuam a paisagem do delta do Mississípi até ao Sul da Califórnia mostram um quadro circunspecto. Quando vinha de carro de noroeste, de Dallas, em direção à remota Decatur, no planalto do Texas, cada povoação era representada por uma ou outra bomba de gasolina, por um motel antigo (amiúde já fechado), por vezes uma loja de conveniência e pequenos ajuntamentos de autocaravanas. Mas não havia nada que sugerisse comunidade.

Exceto a igreja. Para um olhar europeu, geralmente pouco mais era do que um armazém encimado por uma cruz gigantesca. Mas, no meio das ruas de comércio e com casas de um lado e doutro, o edifício sobressaía. A religião não é apenas a única escolha que há na cidade – muitas vezes é o único elo com algo parecido com cariz social, com algo mais nobre. Se eu vivesse num lugar destes, juntar-me-ia aos eleitos.

Mas na minha profissão não teria de o fazer. A melhor coisa na América, de longe, são as suas universidades. Não me refiro a Harvard *e tutti quanti*, pois não são especificamente americanas – as suas raízes estendem-se até ao outro lado do oceano, até Oxford, Heidelberg, e mais além. No entanto, nenhum lugar no mundo se pode gabar de ter universidades *públicas* tão boas. Podemos conduzir durante quilómetros e quilómetros por entre uma paisagem rugosa do Midwest atrás do sol posto, pontuada por cartazes luminosos, motéis e um desfile militar de restaurantes, quando – qual miragem pedagógica sonhada por um cavalheiro britânico do século XIX – aparece... uma biblioteca! E não é uma biblioteca qualquer: em Bloomington, a Universidade de Indiana contém um acervo de quase oito milhões de volumes, em mais de 900 línguas, alojados num magnífico mausoléu de dois pisos em calcário do Indiana.

Cerca de 160 quilómetros a noroeste, do outro lado de um antigo milharal, surge o oásis da Champaign- -Urbana: uma cidade universitária anódina que alberga um biblioteca com mais de dez milhões de volumes. Mesmo a mais pequena desta universidades públicas – a Universidade de Vermont, em Burlington, ou o *campus* isolado de Wyoming, em Laramie – pode conter coleções, recursos, instalações e ambições que a maioria dos velhas instituições da Europa só pode invejar.

O contraste entre as bibliotecas das universidades do Indiana ou do Illinois e os campos ondulantes quase visíveis das janelas ilustra a impressionante escala e variedade do império interior americano: algo que não se apreende quando visto de longe. Poucos quilómetros a sul da cosmopolita comunidade académica de Bloomington fica a região que constitui o núcleo do velho Ku Klux Klan, tal como o espólio literário ímpar da Universidade do Texas se situa, implausivelmente, entre a insularidade e o preconceito do terreno montanhoso que o rodeia. Para o forasteiro, são justaposições inquietantes.

Os americanos aceitam estes paradoxos com naturalidade. Seria difícil imaginar uma universidade europeia a recrutar um professor – como em tempos me incentivaram a considerar uma universidade perto de Atlanta – com o argumento de que o aeroporto internacional ali perto permitiria «escapar» facilmente. Um académico europeu encalhado em Aberystwyth evitaria chamar a atenção para o facto. Assim, enquanto que os americanos são despudoradamente confessionais – «Como é que ficaste encalhado na Universidade Estadual de Cheyenne?» –, um britânico isolado nas mesmas condições queixar-se-ia discretamente do ano sabático que passou em Oxford.

A minha perspetiva ainda está influenciada pelo ano que passei em Davis. Originalmente, era o pólo agrícola da Universidade da Califórnia, encaixado provisoriamente entre os arrozais do delta do rio Sacramento – a meio caminho entre São Francisco e nenhures –, mas agora UC Davis tem 3,3 milhões de volumes, um corpo de investigadores de primeira ordem, e o melhor programa de energia ecológica do país. Alguns dos colegas mais interessantes que conheço passaram a vida em Davis. Na altura, contudo, para mim isto era um mistério: no fim do ano, retirei-me cautelosamente para a velha familiaridade de Cambridge. Mas já nada era igual. A própria Cambridge parecia de certa forma reduzida e acanhada, os seus terrenos tão distantes quanto qualquer arrozal. Todo o lado é a nenhures de alguém.

John Donne descreve a sua amante como uma «América»: uma terra nova que aguarda a descoberta erótica. Mas a própria América é uma amante, que repele e seduz – mesmo na meia idade, com excesso de peso e gabarola, ela ainda tem algum encanto. Para os europeus entediados, as contradições e as curiosidades fazem parte desse encanto. É uma terra nova-velha sempre em autodescoberta perpétua (geralmente à custa de outros): um império envolto em mitos pré-industriais, perigoso e inocente.

Fui seduzido. A princípio, indeciso, andei para trás e para a frente a atravessar o Atlântico, dando os meus sentimentos ambíguos a ambas as margens. Os meus antepassados emigraram por necessidade: por medo e pobreza. Como não tinham escolha, também não tiveram dúvidas. Eu fui um emigrante voluntário e por isso podia dizer a mim mesmo que a minha escolha era temporária ou até revogável. Durante muito tempo, ponderei a opção de regressar para dar aulas na Europa – mas era na América que eu me sentia mais europeu. Estava «naturalizado»: duas décadas depois de desembarcar em Boston, tinha-me tornado americano.

XIX

CRISE DE MEIA IDADE

Outros homens trocam de mulher. Alguns trocam de carro. Alguns trocam de sexo. A finalidade da crise de meia idade é demonstrar continuidade com a nossa juventude fazendo algo extraordinariamente diferente. É claro que «diferente» é um termo relativo: um homem em plena crise geralmente faz o mesmo que qualquer outro – aliás, é assim que se sabe que é uma crise de meia idade. Mas a minha foi ligeiramente diferente. Estava na altura certa, na fase certa (a divorciar-me da Esposa n.º 2) e a ter as incertezas habituais de meia idade: qual a razão de ser disto? Fi-lo à minha maneira. Aprendi checo.

No início da década de 80, eu dava aulas de política em Oxford. Tinha segurança laboral, responsabilidades profissionais e uma bela casa. A felicidade doméstica já seria pedir de mais, mas eu estava habituado à falta dela. Todavia, sentia-me cada vez mais distante das minhas preocupações académicas. Naquele tempo, a história de França perdera a sua importância: a chamada «viragem cultural» e as tendências «pós»-tudo em história social obrigavam-me a ler textos enormes e grandiloquentes, alcandorados à eminência académica por «subdisciplinas» recém-descobertas cujos acólitos começavam a colonizar demasiado perto de casa. Estava aborrecido.

A 24 de abril de 1981, a *New Statesman* trazia uma carta de um dissidente checo, escrita sob o pseudónimo de Václav Racek, que protestava, em termos educados, contra um ensaio de E. P. Thompson em que o grande historiador britânico descrevera o Ocidente e o Leste como sendo corresponsáveis pela Guerra Fria e os crimes que dela resultaram. Não teria o comunismo algo mais por que responder, sugeria «Racek»? Thompson respondeu com uma longa carta, em tom condescendente, na qual rejeitava a sugestão e comparava o desejo «ingénuo» do dissidente checo por liberdade com a sua própria «defesa das liberdades britânicas», embora admitisse que, em resultado da sua inocência mal informada, «não é difícil perceber porque é que um intelectual checo pensa desta forma».

Fiquei furioso com a arrogância de Thompson e escrevi a dizê-lo. A minha intervenção – e a compreensão que expressava – resultaram num convite para ir a Londres conhecer Jan Kavan, um exilado da era de 68. Quando nos encontrámos, Kavan estava histérico. Acabara de dar uma entrevista à Thames Televison na qual – receava –, empolgado pelo entusiasmo, sem querer revelara informações sobre a clandestinidade checa que poderiam pôr gente em perigo. Será que eu poderia tentar evitar que o programa fosse transmitido?

Fiquei lisonjeado por Kavan julgar que um académico obscuro de Oxford pudesse ter tamanha influência. É claro que não tinha, mas fingi o contrário e dirigi-me para o estúdio. O editor do programa ouviu-me com atenção, percebeu rapidamente que eu quase nada sabia sobre a Checoslováquia, a oposição na clandestinidade ou sobre o próprio Kavan; calculou que eu não teria qualquer influência, mesmo pelos padrões da minha profissão... e pôs-me educadamente na rua.

Como previsto, o programa foi transmitido na televisão na noite seguinte. Tanto quanto sei, ninguém sofreu gravemente com aquilo que o programa revelou, mas a reputação de Jan Kavan foi bastante prejudicada: muitos anos depois, quando os seus inimigos políticos na República Checa pós-comunista o acusaram de colaborar com o antigo regime, a entrevista à Thames Televison foi invocada como prova.

Nessa tarde, quando regressei a Londres, envergonhado por não ter conseguido ajudar e mortificado pelo meu próprio provincianismo, tomei uma decisão que, à sua pequena maneira, teria muitas consequências. Iria aprender checo. Uma coisa era a Thames ignorar-me: não me importava por não ser conhecido. Mas melindrava-me que me julgassem pouco importante e pouco informado. Pela primeira vez na vida, dei por mim a investigar um lugar e um problema cuja língua me era desconhecida. Sei que isto está sempre a acontecer aos cientistas políticos, mas é por isso que não sou cientista político.

E assim, no início da década de 80, aprendi uma língua nova. Comecei por comprar o *Teach Yourself Czech*. Aproveitando as longas (e cada vez mais bem-vindas) ausências da Esposa nº 2, eu dedicava ao livro duas horas por noite. O método era antiquado e por isso reconfortantemente familiar: páginas e páginas de gramática, com destaque para as complicadas conjugações e declinações da família de línguas eslavas, interpoladas com vocabulário, traduções, pronúncia, exceções importantes, etc. Em suma, precisamente como me tinham ensinado alemão.

Depois de ter progredido durante alguns meses com este texto introdutório, decidi que precisava de ensino formal se quisesse ir além das limitações do autodidata isolado. Naqueles tempos, Oxford proporcionava um ensino de línguas de ótima qualidade para dezenas de línguas conhecidas e exóticas e por isso inscrevi-me em aulas de checo para nível principiante/intermédio. Que me lembre, éramos apenas dois. Tinha como colega a mulher de um velho historiador de Oxford e ela própria uma linguista talentosa. Era preciso muito trabalho e concentração para a acompanhar.

No final da década de 80 já adquirira uma competência passiva em checo. Ênfase em *passiva*. Fora do laboratório, eu raramente ouvia falar a língua, só visitei o país cinco vezes e estava a descobrir que – no princípio da meia idade – é difícil ser fluente numa língua. Mas lia sem problemas. O primeiro livro que li foi *Hovory s T.G. Masarykem* (Conversas com Thomas Masaryk), de Karel Čapek, uma série magnífica de entrevistas e conversas do maior dramaturgo do país com o seu primeiro presidente. De Čapek passei para Havel, sobre quem comecei a escrever.

Aprender checo levou-me à Checoslováquia, aonde fui em 1985 e 1986 como peão do pequeno exército de contrabandistas de livros recrutado por Roger Scruton para ajudar professores e alunos expulsos das universidades checas ou proibidos de nelas se inscreverem. Dei aulas em apartamentos privados a salas cheia de gente jovem atenta, sedenta de debate e que – algo extremamente refrescante – desconhecia a reputação e a voga académicas. Dei aulas em inglês, é claro (embora os professores mais velhos preferissem o alemão). Só tinha ocasião para usar o checo quando era para responder, de forma pouco convincente, a perguntas casuais feitas por polícias à paisana que costumavam estar debaixo dos candeeiros à entrada dos apartamentos dos dissidentes e perguntavam as horas aos visitantes, para saber se eram estrangeiros.

Naquele tempo, Praga era um lugar cinzento, triste. Pelos padrões comunistas, a Checoslováquia de Gustáv

Husák podia ser abastada (só a Hungria lhe levava a palma), mas era um país lúgubre e deprimente. Quem na altura visse o comunismo não podia acalentar qualquer ilusão sobre as perspetivas de futuro de um dogma morto numa sociedade em declínio. E, contudo, passei ali os meus dias num turbilhão de entusiasmo e excitação, e de cada vez que regressava a Oxford vinha cheio de energia e a fervilhar de ideias.

Comecei a dar aulas de história da Europa de Leste e – com alguma trepidação – a escrever. Em especial, passei a interessar-me profundamente pela oposição informal na clandestinidade que ali existia. Ao ler, discutir e (mais tarde) conhecer homens como Václav Havel, Adam Michnik, János Kis e os seus amigos, redescobri paixões políticas e interesses académicos e intelectuais de uma urgência desconhecida – pelo menos para mim – desde finais dos anos 60 ... e muito mais séria e com mais consequências do que qualquer coisa daquela década de que me pudesse lembrar. É apenas um pequeno exagero, ou talvez nem isso, dizer que a minha imersão na Europa Central de Leste me devolveu à vida.

Em Oxford, convivi com especialistas e refugiados da região. Estabeleci programas para acolher intelectuais banidos do bloco soviético. Comecei até a apadrinhar as carreiras de jovens historiadores e de outras pessoas que se interessassem por esta parte da Europa obscura e, por razões absurdas, pouco estudada – projeto a que iria dar continuidade, agora com um financiamento muito maior, depois de me instalar em Nova Iorque.

Através da Polónia, em particular, e dos meus novos amigos, ali e no exílio, consegui estabelecer algumas ligações com o meu próprio passado judaico da Europa de Leste. Acima de tudo, e para meu embaraço, descobri uma literatura rica e sedutora, que até então me passara ao lado por completo: uma falha atribuível, sem dúvida, às qualidades provincianas mesmo do melhor ensino britânico, mas ainda assim da minha responsabilidade.

Por outras palavras: aprender checo tornou-me num tipo de académico, de historiador e de pessoa muito diferente. Teria feito grande diferença se tivesse aprendido polaco, por exemplo? Os meus amigos sem dúvida que eram dessa opinião. Para eles, o checo era uma *pequena* língua eslava (mais ou menos como os colegas russos descreveriam mais tarde o polaco) e eu optara inexplicavelmente por me especializar naquilo que – para eles – era o equivalente, digamos, da história do País de Gales. Eu via as coisas de outra forma: essa noção de grandeza cultural caracteristicamente polaca (ou russa) era precisamente o que eu queria contornar, e preferia as qualidades eminentemente checas da dúvida, da insegurança cultural e autoirrisão cética. Estas já me eram familiares de fontes judaicas: Kafka, essencialmente – mas Kafka é também o escritor checo *par excellence*.

Sem a minha obsessão checa nunca teria dado por mim em Praga, em novembro de 1989, numa das varandas da praça principal, a ver Havel aceitar a presidência. Não teria estado sentado no Hotel Gellert, em Budapeste, a ouvir János Kis explicar os seus planos para uma Hungria pós-comunista mas social-democrata – a melhor esperança para a região, mas mesmo então vã. Não teria dado por mim, anos mais tarde, na região de Maramures, no norte da Transilvânia, a tomar notas para um ensaio sobre os traumas da Roménia póscomunista.

Acima de tudo, nunca teria podido escrever *Pós--Guerra*, a minha história da Europa desde 1945. Por muitos defeitos que tenha, o livro é raro por causa da minha determinação de integrar as duas metades da Europa numa história comum. De certa forma, *Pós-Guerra* faz eco da minha tentativa para me tornar um historiador integrado da Europa, em vez de um crítico desiludido com a voga histórica francesa. As minhas aventuras checas não me conseguiram uma mulher nova (a não ser muito mais tarde e, ainda, assim, indiretamente), muito menos um carro novo. Mas foram a melhor crise de meia idade que se poderia pedir. Curaram-me para sempre do solipsismo metodológico da academia pós-moderna. Tornaram-me, para o melhor e para o pior, num intelectual público credível. Havia mais coisas no céu e na terra do que as que eram sonhadas pela filosofia ocidental e eu – tardiamente – vira algumas delas.

XX

MENTES CATIVAS

Há alguns anos visitei Krasnogruda, a casa senhorial restaurada de Czesław Miłosz perto da fronteira polaco--lituana. Fui a convite de Krzysztof Czyżewski, o diretor da Fundação Borderland, que se dedica à consciencialização da memória dividida desta região e à reconciliação da população local. Estávamos em meados de um inverno profundo e podíamos ver campos cobertos de neve até onde a vista alcançava, por vezes com uma pequena mata de árvores com o topo coberto de neve e os marcos a assinalar as fronteiras de cada país.

O meu anfitrião falava, num tom lírico, sobre os intercâmbios culturais planeados para a casa ancestral de Miłosz. Eu estava absorto nos meus próprios pensamentos: cerca de 110 quilómetros a norte, em Pilviškiai (na Lituânia), vivera e morrera o ramo Avigail da família do meu pai (alguns às mãos dos nazis). O nosso primo Meyer London emigrara em 1891 para Nova Iorque, partindo de uma vilazita próxima; lá foi eleito congressista em 1914, o segundo socialista a consegui-lo, antes de ser destituído por uma aliança ignominiosa de judeus ricos nova-iorquinos, incomodados pelo seu socialismo, e sionistas americanos horrorizados pela suspeição que ele muito publicitara em relação ao seu projeto.

Para Miłosz, Krasnogruda – «solo vermelho» – era o seu «reino nativo» (*Rodzina Europa*, no original polaco, melhor traduzido por Pátria Europeia ou Família

Europeia) (¹). Mas para mim, ao contemplar esta paisagem toda branca, ela significava Jedwabne, Katyn e Babi Yar – todas muito perto – já para não falar de memórias mais negras e íntimas. O meu anfitrião certamente que sabia tudo isto: na verdade, ele fora responsável pela controversa publicação do relato de Jan Gross do massacre de Jedwabne (²). Mas a presença do maior poeta polaco do século xx transcendia a tragédia que assombra a região.

Miłosz nasceu em 1911, naquilo que era na altura a Lituânia russa. Aliás, tal como tantas figuras literárias polacas, ele não era estritamente «polaco» em termos geográficos. Adam Zagajewski, um dos mais importantes poetas vivos do país, nasceu na Ucrânia; Jerry Giedroyc – figura cimeira do exílo literário do século xx – nasceu na Bielorrússia, tal como Adam Mickiewicz, o ícone do revivalismo literário polaco do século xix. Vilnius, na Lituânia, em particular, era uma mistura cosmopolita de polacos, lituanos, alemães, russos e judeus, entre outros (Isaiah Berlin, tal como a filósofa política de Harvard Judith Shklar, nasceu em Riga, ali perto).

Criado na república polaca que surgiu no período entre guerras, Miłosz sobreviveu à ocupação, e já era um poeta de renome quando foi nomeado adido cultural em Paris da nova República Popular. Mas em 1951 fugiu para o Ocidente e dois anos mais tarde publicou a sua obra mais influente, *A Mente Cativa* (³). A edição nunca está esgotada e é de longe a descrição mais perspicaz e

---

(¹) Czesław Miłosz, *Native Realm* (*Rodzinna Europa*) (1959; Doubleday, 1968).

(²) Jan Gross, *Neighbors: The Destruction of the Jewish Community in Jedwabne, Poland* (Princeton University Press, 2001).

(³) Czesław Miłosz, *The Captive Mind* (*Zniewolony umysł*) (1953; Vintage, 1981).

perene da atração dos intelectuais pelo estalinismo e, em termos mais gerais, do encanto da *intelligentsia* pela autoridade e pelo autoritarismo.

Miłosz estuda quatro dos seus contemporâneos e as auto-ilusões de que estes foram vítimas no seu percurso da autonomia à obediência, salientando aquilo a que chama a necessidade de o intelectual ter um «sentimento de pertença». Dois dos seus analisados – Jerzy Andrzejewski e Tadeusz Borowski – talvez sejam conhecidos dos leitores ingleses, Andrzejewski como autor de *Cinzas e Diamantes* (adaptado ao cinema por Andrzej Wajda) e Borowski na qualidade de autor de uma memória perturbante de Auschwitz, *This Way for the Gas, Ladies and Gentlemen* [*Por Aqui para o Gás, Senhoras e Senhores*].

Mas o livro é mais memorável por causa de duas imagens. Uma é o «comprimido de Murti-Bing». Miłosz Ignacy descobriu esta num romance obscuro de Stanislaw Witkiewicz, *Insaciabilidade* (1927). Nesta história, os habitantes da Europa Central que estão perante a hipótese de serem subjugados por hordas asiáticas, não identificadas, tomam um comprimido que lhes tira o medo e a ansiedade; encorajados pelos seus efeitos, não só aceitam os seus novos governantes como estão contentíssimos por recebê-los.

A segunda imagem é a do «Ketman», que Miłosz foi buscar a Arthur de Gobineau e à sua obra *Religiões e Filosofias da Ásia Central,* na qual o viajante francês escreve sobre o fenómeno persa das identidades eletivas. Os que interiorizaram o modo de vida designado «Ketman» podem viver com as contradições de dizer uma coisa e acreditar noutra, adaptando-se à vontade a cada novo requisito das suas regras, ao mesmo tempo que creem ter preservado em si mesmos a autonomia dos livres pensadores – ou, pelo menos, um pensador que escolheu livremente subordinar-se às ideias e imposições de terceiros.

Nas palavras de Miłosz, Ketman «traz conforto, acalentando sonhos sobre aquilo que poderia ser, até uma vedação permite a consolação do sonho». Escrever para a gaveta torna-se um símbolo de liberdade interior. Pelo menos o seu público *levá-lo-ia* a sério, se o pudesse ler.

O medo da indiferença com que o sistema económico do Ocidente trata os seus artistas está disseminado entre os intelectuais de Leste. Dizem que é melhor lidar com um diabo inteligente do que com um idiota de boa índole.

Entre Ketman e o comprimido de Murti-Bing, Miłosz, brilhantemente, disseca o estado mental do viajante, do idealista iludido, e do cínico servidor do tempo. O seu ensaio é mais subtil do que o de Arthur Koestler, *Darkness at Noon*, e menos intransigentemente ideológico do que *Ópio dos Intelectuais*, de Raymond Aron. Eu costumava dá-lo naquele que foi durante muitos anos o meu curso favorito, uma análise de ensaios e romances de Milan Kundera, Václav Havel, Ivo Andrić, Heda Kovály, Paul Goma e outros.

Mas comecei a perceber que embora os romances de Kundera ou Andrić, ou as memórias de Kovály ou Yevgenia Ginsburg eram acessíveis aos alunos americanos apesar de serem material estranho, a *Mente Cativa* amiúde deparava com incompreensão. Miłosz toma por garantido que o leitor conhece o estado mental do crente: o homem ou a mulher que se identificou com a História e alinhou entusiasticamente com um sistema que lhe nega a liberdade de expressão. Em 1951 era razoável que ele pressupusesse que este fenómeno – seja associado ao comunismo, ao fascismo ou, na verdade, a qualquer outra forma de repressão política – fosse conhecido.

E, aliás, quando dei pela primeira vez o livro na década de 70, gastei grande parte do tempo a explicar a estudantes com pretensões radicais porque é que a «mente cativa» não era uma coisa boa. Trinta anos volvidos, a minha assistência fica simplesmente confusa: porque é que alguém venderia a alma a *qualquer* ideia, quanto mais uma que fosse repressiva? Em finais do século XX, muito poucos dos meus alunos alguma vez conheceram um marxista. A dedicação abnegada e altruísta a uma fé secular transcendia a sua imaginação. Quando comecei, o meu desafio era explicar porque é que as pessoas ficaram desiludidas com o marxismo; hoje, a barreira intransponível com que deparamos é explicar a própria ilusão.

Os estudantes contemporâneos não percebem o propósito do livro: o exercício parece-lhes fútil. Repressão, sofrimento, ironia e até a crença religiosa: isto eles percebem. Mas auto-ilusão ideológica? Por isso, os leitores póstumos de Miłosz parecem-se com os ocidentais e os *emigrés* que ele tão bem descreve: «Não sabem o que se paga – os que estão no estrangeiro não sabem. Não sabem o que se compra, nem a que preço».

Talvez seja assim. Mais há mais do que uma forma de cativeiro. Basta pensar no transe, que mais parece um Ketman, dos intelectuais empolgados pela dinâmica de guerra de George W. Bush aqui há uns anos. Poucos deles teriam admitido que admiravam o presidente, quanto mais que partilhavam a sua mundividência. Por isso, tipicamente, alinharam com ele, embora tivessem, sem dúvida, reservas pessoais. Mais tarde, quando se tornara evidente que haviam cometido um erro, atribuíram as culpas à incompetência da administração. Com qualificações do tipo Ketman, afirmaram orgulhosamente «tínhamos razão em estar enganados» – um eco revelador, ainda que inconsciente, do *plaidoyer* dos *compagnons de route* franceses, «é melhor ter estado enganado com Sartre do que com razão com Aron».

Hoje em dia, ainda se ouvem ecos atabalhoados da tentativa de reacender a Guerra Fria em torno de uma cruzada contra o «islamo-fascismo». Mas o verdadeiro cativeiro mental dos nosso tempos está alhures. A nossa fé contemporânea no «mercado» segue nos mesmíssimos trilhos da sua sósia radical oitocentista – a crença cega na necessidade, no progresso e na História. Tal como o infeliz chanceler trabalhista britânico entre 1929-1931, Philip Snowden, desistiu perante a Depressão e declarou que não valia a pena contrariar as leis inelutáveis do capitalismo, assim os dirigentes da Europa de hoje se refugiam à pressa em medidas de austeridade orçamental para acalmar «os mercados».

Mas «o mercado» – tal como o «materialismo dialético» – é apenas uma abstração: simultaneamente ultrarracional (a sua argumentação supera tudo) e o apogeu do absurdo (não pode ser questionado). Tem os seus verdadeiros crentes – pensadores medíocres quando comparados com os pais fundadores, mas ainda assim influentes; os seus *compagnons de route* – que em privado podem duvidar dos princípios do dogma, mas não veem alternativa a pregá-lo; e as suas vítimas, muitas das quais nos EUA, em especial, engoliram pressurosamente o seu comprimido e proclamam aos quatro ventos as virtudes de uma doutrina cujos benefícios nunca verão.

Acima de tudo, a servidão em que uma ideologia mantém a sua gente mede-se melhor pela sua incapacidade coletiva para imaginar alternativas. Sabemos muito bem que a fé ilimitada nos mercados desregulados mata: a aplicação estrita do que até há pouco tempo, em países em desenvolvimento vulneráveis, se chamava «o consenso de Washington» – que punha a tónica numa política fiscal rigorosa, privatizações, tarifas baixas e desregulamentação – destruiu milhões de meios de subsistência. Entretanto, os «termos comerciais» rígidos em que estes remédios são disponibilizados reduziram drasticamente a esperança de vida em muitos locais. Mas, na expressão letal de Margaret Thatcher, «não há alternativa».

Foi precisamente nestes termos que o comunismo foi apresentado aos seus beneficiários após a II Guerra Mundial; e foi por a História não apresentar alternativa aparente ao comunismo que muitos dos admiradores estrangeiros de Estaline foram arrebatados para um cativeiro intelectual. Mas quando Miłosz publicou *A Mente Cativa*, os intelectuais ocidentais ainda discutiam os vários modelos sociais genuinamente rivais – social democracia, mercado social, ou variantes de mercado regulado do capitalismo liberal. Hoje em dia, apesar de um ou outro protesto keynesiano, reina o consenso.

Para Miłosz, «o homem do Leste não pode levar a sérios os americanos porque estes nunca passaram por experiências que ensinam aos homens o quão relativos são os seus juízos e hábitos mentais». Isto é sem dúvida verdade e explica o ceticismo perene do europeu de Leste perante a inocência ocidental. Mas a servidão voluntária dos comentadores ocidentais (e de Leste) à nova panortodoxia nada tem de inocente. Muitos deles, ao estilo Ketman, sabem como é mas preferem nada dizer contra. Neste sentido, pelo menos, tem algo verdadeiramente em comum com os intelectuais da era comunista. Cem anos depois do seu nascimento, 57 anos depois da publicação do seu ensaio fundamental, o libelo de Miłosz contra o intelectual servil soa-nos mais verdadeiro do que nunca: «a sua principal característica é o medo de pensar por ele mesmo».

XXI

RAPARIGAS, RAPARIGAS, RAPARIGAS

Em 1992, eu era diretor do departamento de História da Universidade de Nova Iorque – onde também era o único homem heterossexual solteiro com menos de 60 anos. Uma mistura explosiva: no quadro de anúncios junto à porta do meu escritório, afixado em lugar de destaque, estava o número de telefone e a morada do Centro de Assédio Sexual da universidade. A história era uma profissão que se estava a feminizar rapidamente, com uma comunidade de alunos instruída para os sinais de discriminação – ou pior. O contacto físico constituía presunção de intenções malévolas; uma porta fechada era a prova.

Pouco depois de assumir o cargo, uma aluna do segundo ano foi ao meu escritório. Como ela era uma antiga bailarina que se interessava pela Europa de Leste, fora incentivada a trabalhar comigo. Nesse semestre, eu não estava a trabalhar e por isso podia ter-lhe dito para voltar noutra altura. Em vez disso, convidei-a a entrar. Após uma conversa à porta fechada sobre reformas económicas na Hungria, sugeri-lhe o estudo independente – a começar na noite seguinte num restaurante local. Algumas sessões depois, num arroubo de exibicionismo, convidei-a para a estreia de *Oleanna* – a dramatização, fraquinha, de David Mamet sobre o assédio sexual no *campus* de uma faculdade.

Como explicar um comportamento tão autodestrutivo? Que universo delirante era o meu, para julgar que poderia escapar incólume à afetação de virtude punitiva da altura – que os sinos do politicamente correto não tocariam por mim? Eu lera Foucault e estava familiarizado com Firestone, Millett, Brownmiller, Faludi *e tutte quante*([1]). Dizer que a rapariga tinha uns olhos irresistíveis e que as minhas intenções eram ... incertas não me teria valido de nada. A minha desculpa? *Por favor, senhor. Sou dos anos 60.*

No início dos anos 60, a vida de um rapaz adolescente estava curiosamente confinada. Ainda habitávamos no universo moral dos nossos pais. Namorar era difícil – ninguém tinha carro; as casas eram demasiado pequenas para se ter privacidade; a contraceção estava disponível mas só para quem estivesse disposto a enfrentar um empregado de farmácia desaprovador. Estava bem enraizada a presunção de inocência, tanto para rapazes como para raparigas. A maioria dos rapazes que eu conhecia andava em escolas só para rapazes e raramente encontrávamos mulheres. Eu e um amigo meu pagámos dinheiro que muito nos custou a ganhar para termos aulas de dança ao sábado de manhã, no Salão de Baile Locarno, em Streatham; mas quando foi o baile social anual, as raparigas da Escola Godolphin & Latymer riram-se de nós na mesma. Acabámos logo com a experiência das aulas.

Mesmo que se conseguisse sair com uma rapariga, era como fazer a corte a uma avó. Naqueles tempos, as raparigas vinham defendidas por uma Linha Maginot impenetrável de ganchos, cintos, cinturões, meias de *nylon*, *collants*, suspensórios, saiotes interiores e peças de roupa diversas. Os rapazes mais velhos garantiam-me que eram

---

([1]) Autores, respetivamente, de *The Dialectic of Sex*, *Sexual Politics*, *Against Our Will* e *Backlash: The Undeclared War Against American Women*.

meros impedimentos eróticos, facilmente contornáveis. Para mim, eram aterradores. E não era o único, como qualquer filme e romance da época pode ilustrar. Na altura, todos vivíamos em Chesil Beach.

E então, para nossa surpresa, soubemos que fazíamos parte da «revolução sexual». Numa questão de meses, uma geração de jovens abandonou um século de *lingerie* e adoptou a minissaia com (ou sem) *collants* por baixo. Conheço poucos homens nascidos após 1952 que alguma vez tenham ouvido falar – quanto mais deparar com elas – de muitas das peças de roupa que descrevi acima. A estrela *pop* francesa Antoine cantava, otimisticamente, em comprar a pílula no Monoprix (uma espécie de supermercado) ([2]). Em Cambridge, calmo e mundano, ajudei um amigo a conseguir alguém para que a namorada dele fizesse um aborto. Toda a gente estava a «brincar com o fogo».

Ou dizia que estava. A minha geração andava obcecada pela distinção entre teoria e prática – conheci uma pessoa na Califórnia cuja tese de doutoramento foi dedicada à «Teoria e Prática na teoria e na prática». Sexualmente, vivíamos num contraste. Em *teoria*, orgulhávamo-nos de estar na vanguarda. Mas na *prática* éramos um grupo conformista, mais moldados pelos anos 50 da nossa juventude do que pelos 60 da adolescência. Surpreendentemente, muitos de nós casaram cedo – muitas vezes com a primeira namorada a sério que tiveram. E desses muitos mantiveram-se casados. Embora defendêssemos o direito inalienável de fazer tudo, nós próprios tínhamos escassas oportunidades de o fazer.

([2]) «Comment faire pour enrichir le pays?
Mettez la pillule en vente dans les Monoprix.» *Elucubrations*, 1966.

Os nossos antecessores haviam crescido no mundo claustrofóbico de *Lucky Jim* e de *Look Back in Anger*. Constrangidos pelos limites que haviam sido educados a respeitar, podiam tentar seduzir uma empregada de escritório ou uma estudante, mas estavam instintivamente vinculados pelas regras. Não esperavam concretizar as suas fantasias. Nós, em contraste, tínhamos dificuldade em distinguir as nossas fantasias da vida quotidiana. O solipsismo dos anos 60 – «faz amor, não a guerra» – certamente que destruiu os tabus. Mas também abafou as consciências: nada era proibido.

Em 1981, pouco depois de chegar a Oxford, convidei uma aluna e o namorado para jantar. Eu e a minha mulher vivíamos numa aldeia no campo e quando o jovem casal chegou nevava a sério. Teriam de lá passar a noite. Descontraidamente, indiquei-lhes o quarto de hóspedes e dei-lhes as boas-noites. Só muito mais tarde é que me ocorreu pensar se eles já dormiriam juntos. Quando aludi ao assunto, de modo delicado, uns dias mais tarde, a jovem deu-me uma palmadinha no ombro: Não se preocupe, Tony, nós percebemos. Vocês dos anos 60!»

Os nossos sucessores – livres dos constrangimentos à antiga – impuseram a eles mesmos novas restrições. Desde os anos 70 que os americanos assiduamente evitam tudo o que lhes cheire a assédio, mesmo correndo o risco de renunciar a amizades promissoras e às alegrias de namoriscar. Tal como homens de décadas anteriores – ainda que por razões muito diferentes –, estão sobrenaturalmente desconfiados de passos em falso. Acho isto deprimente. Os puritanos tinham uma base teológica concreta para restringir os seus desejos e os de outros. Mas os conformistas dos nossos dias não têm uma história idêntica.

Ainda assim, as ansiedades das relações sexuais contemporâneas proporcionam por vezes um interlúdio cómico. Quando eu era reitor de humanísticas na Universidade de Nova Iorque, houve um jovem e promissor professor que foi acusado de avanços impróprios por uma aluna do departamento. Ao que parece, tê-la-á seguido até uma arrumação e declarado os seus sentimentos. Confrontado com isto, o professor confessou tudo e rogou-me que não contasse à mulher. Fiquei dividido: o jovem portara-se de forma insensata, mas não se tratava de intimidação nem sequer ele trocara notas por favores. Mesmo assim, foi repreendido. Na verdade, ficou com a carreira arruinada – posteriormente, o departamento negou-lhe um lugar nos quadros, porque rapariga alguma se iria inscrever nas aulas dele. Entretanto, a «vítima» recebeu o aconselhamento habitual.

Anos mais tarde, fui chamado ao gabinete do advogado da universidade. Será que eu aceitaria ser testemunha de defesa num caso contra a Universidade interposto pela mesma jovem? Note que, avisou-me o advogado, «ela» é na verdade um «ele» e pôs a universidade em tribunal por esta não levar a sério as necessidades «dela» como travesti. Vamos a tribunal contestar mas não queremos parecer insensíveis.

E assim, lá apareci eu, no Supremo Tribunal de Manhattan, para explicar a um júri divertido de canalizadores e donas de casa as complexidades do assédio sexual académico. O advogado da aluna apertou comigo: «Não teve preconceitos contra a minha cliente por causa da sua preferência pela identidade de transgénero?» «Não percebo como», respondi. «Pensei que ela era uma mulher – não é isso que ela queria que eu pensasse?». A universidade ganhou o caso.

Numa outra ocasião, uma aluna queixou-se de que eu a «discriminara» porque ela não oferecera favores sexuais. Quando a provedora do departamento – uma senhora sensata com credenciais radicais impecáveis – investigou, soube-se que a queixosa se melindrara por não ter sido convidada para participar no meu seminário: partiu do princípio de que as mulheres que participavam deviam estar a ter (e oferecer) tratamento favorável. Expliquei-lhe que era por serem mais inteligentes. A jovem ficou boquiaberta: a única forma de discriminação que ela podia conceber era sexual. Nunca lhe ocorreu que eu podia ser apenas elitista.

Esta história é ilustrativa. Quando discuto literatura sexualmente explícita – Milan Kundera, para citar um caso óbvio – com alunos europeus, sempre achei que estão a vontade a discutir o assunto. Pelo contrário, os jovens americanos, de ambos os sexos – geralmente tão sociáveis –, ficam nervosamente silenciosos, relutantes em abordar o assunto com medo de estarem a transgredir os limites. Contudo, o sexo – ou, para adotar o termo da arte, «género» – é a primeira coisa que lhes vem à ideia quando tentam explicar o comportamento dos adultos no mundo real.

Aqui, como em muitos outros palcos, levámos os anos 60 demasiado a sério. A sexualidade (ou o género) é tão deformadora quando nos fixamos nela como quando a negamos. Substituir classe social ou escalão de rendimento por género (ou «raça» ou «etnia» ou «eu») só podia ocorrer a gente para quem a política era uma ocupação recreativa, uma projeção do eu no mundo em geral.

Porque é que há de ser tudo sobre «mim»? Terão as minhas fixações importância para a República? Que raio quer dizer «o pessoal é político»? Se tudo é «político», então nada o é. Lembra-me a palestra de Gertrude Stein em Oxford sobre literatura contemporânea. «E sobre a questão da mulher?», alguém perguntou. A resposta de Stein deveria estar afixada em todos os quadros das faculdades, de Boston a Berkeley: «Nem tudo pode ser sobre tudo».

Os mantras divertidos da nossa adolescência tornaram-se o modo de vida de gerações futuras. Nos anos 60 pelo menos sabíamos que independentemente do que disséssemos, sexo era sobre ... sexo. Ainda assim, o que sobreveio é por nossa culpa. Nós – a esquerda, os académicos, os professores – abandonámos a política a gente para quem o verdadeiro poder é muito mais interessante do que as suas implicações metafóricas. O politicamente correto, a política de género e acima de tudo a hiperssensibilidade a sentimentos magoados (como se houvesse um direito a não ser ofendido), será este o nosso legado.

Porque é que não posso fechar a porta do meu escritório ou levar uma aluna a ver uma peça de teatro? Se hesito, não estarei a interiorizar o pior tipo de autocensura comunitária – antecipando a minha própria culpa muito antes de ser acusado, e a dar aos outros um exemplo pusilânime? Sim: e, quanto mais não seja por estas razões, não vejo nada de mal no meu comportamento. Mas se não fosse a autoconfiança elitista dos meus anos de Oxbridge, também eu poderia não ter coragem para afirmar as minhas convicções – ainda que admita que a mistura volátil de arrogância intelectual e excecionalismo geracional possa inflamar delírios de invulnerabilidade.

Na verdade, é precisamente essa noção de ter direito a tudo – levada ao extremo – que ajuda a explicar as transgressões autodestrutivas de Bill Clinton ou a insistência de Tony Blair em afirmar que teve razão em mentir para entrar numa guerra cuja necessidade só ele podia avaliar. Mas note-se que, apesar das suas atitudes descaradas de mulherengo e teimoso, Clinton e Blair – tanto como Bush, Gore, Brown e tantos outros da minha geração – ainda estão casados com a sua primeira namorada. Eu já não posso dizer o mesmo – divorciei-me em 1977 e depois em 1986 – mas noutros aspetos a curiosa mistura dos anos 60 de atitudes radicais e convenção doméstica também me enfeitiçou. Por isso, como é que eu despistei a polícia do assédio, que certamente estaria no meu encalço quando eu namorava subrepticiamente a minha bailarina de olhos brilhantes?

Leitor: casei com ela.

XXII

NOVA IORQUE, NOVA IORQUE

Vim para Nova Iorque em 1987 por capricho. O ataque do governo Thatcher ao ensino superior britânico estava a começar e mesmo em Oxford as perspetivas eram sombrias. A Universidade de Nova Iorque agradou-me: não era, de todo, de fundação recente – fora criada em 1831 – mas era ainda assim a mais nova das grandes universidades de Nova Iorque. Não tanto uma «torre de marfim», está mais aberta a novas direções; em contraste com os mundos universitários enclausurados de Oxbridge, anuncia-se, de forma audaz, como uma universidade «global» no coração de uma cidade mundial.

Mas o que é uma «cidade mundial»? A Cidade do México, com 18 milhões de habitantes, ou São Paulo, com menos um milhão, são aglomerados urbanos que se estendem de forma incontrolável; mas não são «cidades mundiais». Pelo contrário, Paris – cujos bairros centrais nunca excederam os dois milhões de habitantes – foi «a capital do século XIX». Será em função do número de visitantes? Nesse caso, Orlando (na Florida) seria uma grande metrópole. Ser a capital de um país nada garante: pense-se em Madrid ou Washington (a Brasília da sua época). Pode até nem ser uma questão de riqueza: num futuro previsível, Xangai (14 milhões de habitantes) e Singapura (cinco milhões) contar-se-ão certamente entre os locais mais ricos da Terra. Serão «cidades mundiais»?

Vivi em quatro cidades dessas. Londres foi o centro comercial e financeiro do mundo desde a derrota de Napoleão até à ascensão de Hitler; Paris – a sua eterna concorrente – foi um pólo de atração mundial desde a construção de Versalhes até à morte de Albert Camus. O apogeu de Viena foi talvez o mais breve: a sua ascensão e queda coincidiu com os últimos anos do Império Habsburgo, embora tenha ofuscado todos os outros em intensidade. E depois veio Nova Iorque.

Tem sido fortuna minha viver nestas cidades no seu crepúsculo. No auge, eram arrogantes e autoconfiantes. No declínio, as suas virtudes menores passam para primeiro plano: as pessoas dizem-nos menos vezes a sorte que temos por estar ali. Mesmo no auge da «Swinging London» havia algo frágil na autopromoção da cidade, como se soubesse que seria o culminar de uma época.

Hoje, a capital britânica está inequivocamente numa posição central, em termos geográficos – o seu aeroporto medonho e espalhafatoso é o mais movimentado do mundo. E a cidade pode gabar-se de ter o melhor teatro e de um cosmopolitismo multicolor que infelizmente não tinha em anos passados. Mas tudo isto assenta precariamente num monte insustentável de dinheiro de outros: a capital do capital.

Quando cheguei a Paris, a maior parte das pessoas no mundo inteiro deixara de falar francês (algo que os franceses demoraram algum tempo a reconhecer). Quem é que hoje iria construir deliberadamente a sua cidade – como os romenos fizeram em finais do século XIX – para que se tornasse a «Paris do Leste», incluindo *grands boulevards* como a Calea Victoria? Os franceses têm uma palavra para a disposição de se olhar, inseguro, para dentro, para quem se preocupa com a introspeção: *nombrilisme* – «olhar para o umbigo».

Cheguei a Nova Iorque mesmo a tempo de viver a sensação agridoce de perda. Nas artes, a cidade liderara o mundo desde 1945 até à década de 70. Quem quisesse ver pintura, música ou dança modernas, vinha à Nova Iorque de Clement Greenberg, Leonard Bernstein e George Balanchine. A cultura era mais do que um objeto de consumo: as pessoas também afluíam a Nova Iorque para a produzirem. Naquelas décadas, Manhattan era a encruzilhada onde se deixavam ficar as mentes originais e interessantes – atraindo outras na sua esteira.

Também a Nova Iorque judaica já passou o seu apogeu. Quem é que hoje se importa com o que a *Dissent* ou (em especial) a *Commentary* dizem ao mundo ou uma à outra? Em 1979, Woody Allen podia contar com um vasto público para a sua piada sobre a fusão das duas, que dava «Dissentary» (ver *Annie Hall*). Hoje? Uma quantidade desproposidada da energia que estas e outras pequenas revistas gastam vai para a questão de «Israel», talvez a coisa mais próxima de *nombrilisme* que os americanos têm.

Os gangues intelectuais de Nova Iorque guardaram as facas e foram para casa, para os subúrbios – ou então lutam nos departamentos académicos, perante a manifesta indiferença do resto da humanidade. É claro que o mesmo se pode dizer das questiúnculas das elites culturais da Rússia ou da Argentina. Mas essa é uma das razões por que nem Moscovo nem Buenos Aires têm importância no palco do mundo. Em tempos, os intelectuais nova-iorquinos tiveram-na, mas à maioria aconteceu o mesmo que à sociedade vienense dos cafés: tornaram-se uma paródia de si mesmos, com as suas instituições e controvérsias a terem um interesse meramente local.

E, contudo, Nova Iorque *continua* a ser uma cidade mundial. Não é a grande cidade americana – essa será sempre Chicago. Nova Iorque está no limite: tal como Istambul ou Bombaim, a sua atração caraterística consiste precisamente na sua relação conflituosa com o território metropolitano para lá dela. Ela olha *para fora*, e por isso é apelativa para gente que não se sentiria bem em território mais interior. Nunca foi americana no sentido em que Paris é francesa. Nova Iorque foi sempre mais qualquer outra coisa.

Pouco depois de aqui chegar, entrei numa alfaitaria local para mandar fazer uns arranjos. Depois de me tirar as medidas, o dono, já idoso, olhou para cima: «Onde deixa a sua roupa para lavar?» «Bem», respondi, «na lavandaria chinesa do outro lado da rua». Ele pôs-se de pé e dirigiu-me um olhar duro, longo, que ia retirando camadas de Paris, Cambridge, Sul de Londres, Antuérpia, e aponta para leste: «Porque é que leva a roupa ao chinês?»

Hoje em dia deixo a roupa para lavar com Joseph, o alfaiate, e trocamos iídismos e reminiscências (as dele) da Rússia judaica. Dois quarteirões a sul, almoço no Bar Pitti, cujo dono florentino recusa cartões de crédito e faz a melhor comida da Toscana em Nova Iorque. Se estiver com pressa, posso optar por um *falafel* dos israelitas do quarteirão seguinte; ou, ainda melhor, o carneiro picantíssimo do árabe que está à esquina.

Cinquenta metros mais à frente ficam os meus barbeiros: Giuseppe, Franco e Salvatore, todos da Sicília – o inglês deles faz lembrar Chico Marx. Vivem em Greenwich Village há imenso tempo mas nunca criaram realmente raízes: como poderiam? Gritam uns aos outros o dia todo em dialeto siciliano, e nem deixam ouvir a sua principal fonte de entretenimento e informação: uma estação de rádio que emite apenas em italiano, 24 horas por dia. A caminho de casa, como um *mille feuilles* do Claude, um *pâtissier* bretão carrancudo, que mandou a filha estudar para a London School of Economics, um éclair delicado de cada vez.

Tudo isto a dois quarteirões do meu apartamento – e estou a esquecer-me do quiosque sique, da padaria húngara, do restaurante grego (na verdade, albaniano, mas nós fingimos que não). Três ruas a leste e tenho a Pequena Habsburguia: restaurante ucraniano, igreja uniata, mercearia polaca, e, é claro, a charcutaria judaica, há muito estabelecida – que vende produtos do Leste Europeu em rótulos *kosher*. Só falta um café vienense – para isso, sintomaticamente, é preciso ir aos bairros mais abastados da cidade.

Duvido que em Londres haja tamanha variedade. Mas as culturas da Londres contemporânea estão balcanizadas por bairro e rendimento – Canary Wharf, o bairro financeiro, mantém-se afastado dos enclaves étnicos do centro. Como contraste, veja-se Wall Street, aonde dá para se ir a pé do meu bairro. Quanto a Paris, tem os seus quarteirões sequestrados, onde os netos dos trabalhadores convidados argelinos se cruzam com vendedores ambulantes do Senegal; Amesterdão tem os seus bairros surinames e indonésios: mas estes são as consequências do império, aquilo a que os europeus agora chamam a «questão imigrante».

Não devemos ser líricos. Tenho a certeza de que a maioria dos comerciantes e artesãos do meu bairro nunca se conheceu e pouco teria a dizer um ao outro: à noite regressam às suas casas, em Queens ou Nova Jérsia. Se dissesse a Joseph ou a Sal que eles tinham a felicidade de viver numa «cidade mundial», eles provavelmente fariam um esgar de desdém. Mas vivem – tal como os vendedores de fruta ambulantes de Hoxton do início do século eram cidadãos da mesma Londres cosmopolita que Keynes imortalizou em *As Consequêncis Económicas da Paz*, mesmo que não fizessem a menor ideia do que ele estivesse a falar.

Num jantar aqui em NYC, uma vez perguntaram-me quais eram, para mim, as três melhores coisas da América. Respondi sem hesitação: «Thomas Jefferson, Chuck Berry e a *New York Review of Books*». Para não ter de as hierarquizar, também invoquei as glórias da Quinta Emenda. Não estava a brincar. Thomas Jefferson não precisa de explicação (embora na atual atmosfera de censura dos manuais ele devesse ter alguém que o defendesse). Chuck Berry não precisa de desculpa. Mas a perene influência internacional da cidade está perfeitamente encarnada na *NYRB*, talvez a última sobrevivente (fundada em 1963) da época áurea de Nova Iorque.

Não é por acaso que hoje temos uma *London Review of Books*, uma *Budapest Review of Books*, uma *Athens Review of Books* e até uma *Jewish Review of Books*: à sua maneira, cada uma delas é uma alusão à influência do modelo homonímico. E, contudo, ficam-lhe aquém. Porquê? A *London Review of Books* é exemplar à sua maneira (ainda que me deva eximir de comentar pois sou colaborador ocasional); mas é nitidamente um produto *londrino*, que reflete um esquerdismo metropolitano que é inequivocamente inglês, quiçá de Oxbridge. As outras são declaradamente partidárias e provincianas. Em Budapeste, o ensaio que me encomendaram sobre o escritor húngaro György Konrád foi rejeitado por *lése-majesté*; as tentativas para fundar uma «Paris Review of Books» goraram-se por causa do pressuposto local de que deveria servir de plataforma para críticas laudatórias das editoras e para a troca de favores literários.

O que distingue a *New York Review*(¹) é precisamente o facto de não ser sobre Nova Iorque – nem escrita essencialmente por nova-iorquinos: tal como a própria cidade, só aparentemente é que está relacionada com o seu ponto de origem. Se esta é uma cidade mundial, não é graças aos restaurantes ucranianos da 2ª Avenida, nem sequer aos ucranianos que colonizaram Brighton Beach: podemos encontrá-los em muitos outros locais, de Cleveland a Chicago. É porque os ucranianos cultos em *Kiev* leem o periódico mais conhecido de Nova Iorque.

Estamos a viver o declínio da era americana. Mas como é que o declínio nacional ou imperial influencia o ciclo de vida de uma cidade mundial? A Berlim dos tempos modernos é uma metrópole cultural em construção, apesar de ser a capital de uma nação de tamanho médio e algo virada sobre ela mesma. Quanto a Paris, já vimos que manteve a sua atração durante quase dois séculos após o início do declínio nacional francês.

Nova Iorque – uma cidade mais em casa no mundo do que no seu país natal – pode ainda fazer melhor. Como europeu, sinto-me mais eu em Nova Iorque do que no satélite britânico, algo afastado, da União Europeia. E tenho aqui amigos brasileiros e árabes que partilham do mesmo sentimento. É claro que todos temos as nossas queixas. E embora eu não me imaginasse a viver em qualquer outra cidade, há muitos sítios onde, por razões diferentes, eu preferia estar. Mas também isto é um sentimento muito nova-iorquino. O acaso fez-me americano, mas escolho ser nova-iorquino. Provavelmente sempre fui.

(¹) Nota: ocasionalmente são aqui publicados textos meus.

XXIII

GENTE NAS FRANJAS

«Identidade» é uma palavra perigosa. Não tem usos contemporâneos respeitáveis. Na Grã-Bretanha, os dirigentes do New Labour – não satisfeitos com terem instalado mais câmaras de vigilância em circuito fechado do que qualquer outra democracia – tentaram (até agora em vão) invocar a «guerra ao terror» para introduzir o bilhete de identidade obrigatório. Em França e na Holanda, os «debates nacionais» sobre identidade são um pretexto débil para a exploração política do sentimento anti-imigrante – e uma manobra óbvia para desviar a ansiedade económica para alvos minoritários. Em Itália, em dezembro de 2009, as políticas de identidade foram reduzidas a uma rusga casa por casa, na região de Brescia, à procura de rostos mais escuros indesejados, pois o município prometera desavergonhadamente um «Natal branco».

Na vida académica, a palavra tem usos igualmente perniciosos. Os alunos de hoje podem escolher de uma série de estudos de identidade: «estudos de género», «estudos de mulheres», «estudos asiático-pacífico-americanos», e dezenas de outros. O defeito de todos estes programas para-académicos não é concentrarem-se em determinada minoria étnica ou geográfica; é que incentivem os membros dessa minoria a estudar-se a *eles mesmos* – negando-lhes assim em simultâneo os objetivos de uma educação liberal e reforçando as mentalidades sectárias e de gueto que alegam querer minar. Muitas vezes, estes programas são para criar emprego para os seus responsáveis e o interesse de quem estiver de fora é bastante desencorajado. Negros estudam negros, *gays* estudam *gays*, e assim sucessivamente.

Tal como tantas vezes acontece, o gosto académico segue o que está em voga. Estes programas são o produto de um solipsismo comunitário: hoje em dia, estamos todos hifenizados. Irlandeses-americanos, nativos americanos, afro-americanos e afins. A maioria já não fala a língua dos seus antepassados nem sabe muito sobre o país de onde vieram, em especial se a família veio da Europa. Mas, na esteira de uma geração que se vangloria da sua condição de vítima, ostentam o pouco que sabem como um orgulhoso emblema de identidade: somos o que os nossos avós sofreram. Nesta competição, os judeus destacam-se. Muitos judeus americanos infelizmente desconhecem a sua religião, cultura, línguas tradicionais ou história. Mas sabem que Auschwitz existiu, e isso basta.

Este banho tépido de identidade sempre me foi estranho. Cresci em Inglaterra e o inglês é a língua em que penso e escrevo. Londres – onde nasci – ainda me é familiar, apesar das muitas mudanças a que assistiu nas últimas décadas. Conheço bem o país; e até partilho de alguns dos seus preconceitos e predileções. Mas quando penso e falo dos ingleses, instintivamente uso a terceira pessoa: não me *identifico* com eles.

Em parte, isto pode dever-se ao facto de ser judeu: na minha juventude, os judeus eram a única minoria significativa na Grã-Bretanha cristã e objeto de um ligeiro mas inconfundível preconceito cultural. Por outro lado, os meus pais estavam muito afastados da comunidade judaica organizada. Não celebrávamos festas judaicas (sempre tive árvore de Natal e ovos da Páscoa), não seguíamos os preceitos rabínicos e só nos identificávamos com o judaísmo nas refeições à sexta-feira à noite em casa dos meus avós. Graças ao sistema de ensino inglês, conheço melhor a liturgia anglicana do que muitos dos ritos e práticas do judaísmo. Por isso, se cresci judeu, era sem dúvida um judeu não-judeu.

Será que esta relação tangencial com a condição de ser inglês resultou do local de nascimento do meu pai (Antuérpia)? Talvez, mas ele também não tinha uma «identidade» convencional: não era cidadão belga, mas sim o filho sem pátria de imigrantes que tinham vindo para Antuérpia do império do czar. Hoje diríamos que os pais dele nasceram naquilo que ainda não se tornara a Polónia nem a Lituânia. Contudo, nenhum destes novos países teria dado atenção – quanto mais a cidadania – a um par de judeus belgas. E apesar de a minha mãe (como eu) ter nascido na parte oriental de Londres, e ser, por isso, uma *cockney* autêntica, os pais dela vinham da Rússia e da Roménia: países sobre os quais ela nada sabia e cuja língua não falava. Tal como milhares de outros imigrantes judaicos, comunicavam em iídiche, língua que, aparentemente, não tinha préstimo para as crianças.

Assim, eu nem era inglês nem judeu. E contudo, sinto fortemente que sou ambos – em modos diferentes e em momentos diferentes. Talvez estas identificações genéticas tenham menos consequências do que pensamos? E as afinidades eletivas que adquiri ao longos dos anos: serei um historiador francês? Não há dúvida de que estudei a história de França e que falo bem francês: mas ao contrário da maioria dos meus colegas estudantes anglo-saxónicos em França, nunca me apaixonei por Paris e sempre me senti dividido em relação à cidade. Fui acusado de pensar, e até escrever, como um intelectual francês – um elogio amardilhado. Mas, com honrosas exceções, os intelectuais franceses nada me dizem: é um clube do qual eu seria excluído de bom grado.

E a identidade *política*? Como filho de judeus autodidatas educados na sombra da Revolução Russa, desde cedo que adquiri uma familiaridade superficial com os textos marxistas e a história socialista – o suficiente para me inocular contra estirpes mais virulentas da Nova Esquerda do período pós-anos 60, deixando-me firmemente no campo social-democrata. Hoje, na qualidade de «intelectual público» (em si mesmo um rótulo inútil), sou associado ao que resta da esquerda.

Mas na universidade muitos colegas olham-me como se fosse um dinossauro reacionário. É compreensível: dou aulas sobre o legado textual de europeus que já morreram há muito tempo; tenho pouca tolerância para a «auto-expressão» como substituto da clareza; considero o esforço um fraco substituto da realização; trato a minha disciplina como se dependesse, em primeiro lugar, dos factos, não da teoria: e vejo com ceticismo muito daquilo que nos dias de hoje passa por conhecimento. Segundo os costumes tradicionais académicos, sou um conservador incorrigível. Afinal, em que ficamos?

Como estudioso de história europeia nascido em Inglaterra e a dar aulas nos EUA; como judeu algo incomodado com muito do que passa por judeidade na América contemporânea; como social-democrata muitas vezes em conflito com os meus colegas que se intitulam radicais, creio que procuro conforto no conhecido insulto «cosmopolita desenraizado». Mas isto parece-me impreciso, muito deliberadamente universal nas suas ambições. Longe de estar desenraízado, estou muito bem radicado numa variedade de legados contrastantes.

Seja como for, todos estes rótulos incomodam-me. Sabemos o bastante sobre movimentos políticos e ideológicos para estarmos desconfiados da solidariedade exclusiva em todas as suas formas. Devemos manter a distância, não só dos «ismos» evidentemente pouco apelativos – fascismo, jingoísmo, chauvinismo –, mas também da variedade mais sedutora: comunismo, é claro, mas também nacionalismo e sionismo. E ainda há o orgulho nacional: mais de dois séculos depois de Samuel Johnson o ter afirmado, o patriotismo – como qualquer pessoa que tenha passado a última década na América poderá comprovar – é o último refúgio dos patifes.

Prefiro as franjas: o lugar onde países, comunidades, alianças, afinidades e raízes esbarram desconfortavelmente uns contra os outros – onde o cosmopolitismo não só é uma identidade mas a condição normal da vida. Em tempos, estes lugares abundavam. Já o século XX ia bem avançado, havia muitas cidades que continham múltiplas comunidades e línguas – amiúde mutuamente antagónicas, por vezes em confronto, mas coexistindo de certa forma. Sarajevo era uma, Alexandria outra. Tânger, Salónica, Odessa, Beirute e Istambul, todas tinham essas características – tal como cidades mais pequenas como Chernovitz e Uzhhorod. Pelos padrões do conformismo americano, Nova Iorque tem aspetos parecidos com os dessas cidades cosmopolitas: é por isso que aqui vivo.

É certo que há algo excessivo na asserção de que se está sempre na franja, na margem. Esta afirmação só é possível para o tipo de pessoa com privilégios muito específicos. A maioria das pessoas, na maior parte do tempo, preferiria *não* se destacar: não é seguro. Se toda a gente é xiita, é melhor ser xiita. Se toda a gente na Dinamarca é alta e loura, quem é que – se lhe dessem a escolher –

optaria por ser baixo e de tez escura? Mesmo numa democracia aberta, é preciso alguma persistência de carácter para se estar obstinadamente contra a tendência natural da comunidade, em especial se for pequena.

Mas se se nasceu nas margens que se intersetam e – graças à peculiar instituição do professor efetivo – se é livre de aqui permanecer, parece-me um poiso certamente vantajoso: que sabem da Inglaterra aqueles que só a Inglaterra conhecem? Se a identificação com uma comunidade de origem fosse fundamental para a minha noção do eu, talvez eu devesse hesitar antes de criticar Israel – o «Estado judaico», «o meu povo» – tão veementemente. Os intelectuais com uma noção mais apurada de pertença orgânica autocensuram-se instintivamente: pensam duas vezes antes de lavar roupa suja em público.

Ao contrário de Edward Said, creio que posso perceber e até identificar-me com quem sabe o que é amar um país. Não acho que tais sentimentos sejam incompreensíveis; apenas não partilho deles. Mas com o passar dos anos, estas fervorosas lealdades incondicionais – para com um país, um deus, uma ideia ou um homem – passaram a aterrorizar-me. O delicado verniz da civilização assenta sobre aquilo que pode muito bem ser uma fé ilusória na nossa humanidade comum. Mas ilusória ou não, faríamos bem em atermo-nos a ela. É certo que a nossa fé – e os constrangimentos que exerce sobre o mau comportamento humano – é sempre a primeira coisa a ir em tempo de guerra ou em tempos conturbados.

Desconfio que estamos a entrar numa era de perturbações. Não são só os terroristas, os banqueiros e o clima que vão estilhaçar a nossa sensação de segurança e estabilidade. A própria globalização – a Terra «plana» de tantas fantasias irénicas – será uma fonte de medo e incerteza para milhões de pessoas, que se voltarão para os seus dirigentes para que as protejam. As «identidades» irão desenvolver-se de modo feroz e acérrimo, quando os indigentes e os desenraizados acorrerem aos muros cada vez mais altos dos condomínios fechados, de Deli a Dallas. Ser «dinamarquês» ou «italiano», «americano» ou «europeu» não será apenas uma identidade; será a recusa e a censura daqueles que exclui. O Estado, longe de desaparecer, poderá tornar-se extremamente necessário: os privilégios da cidadania, a proteção dos direitos dos titulares de cartão de residência, serão ostentados como trunfos políticos. Nas democracias estabelecidas, os demagogos intolerantes irão exigir «testes» – de conhecimento, de língua, de atitude – para determinar se os recémchegados desesperados são merecedores da «identidade» britânica ou holandesa ou francesa. Já o estão a fazer. Neste admirável século novo, iremos ter saudades dos tolerantes, dos que estão à margem: a gente das franjas. A minha gente.

XXIV

TONI

Nunca conheci Toni Avegael. Ela nasceu em Antuérpia em fevereiro de 1926 e ali viveu a maior parte da sua vida. Éramos parentes: ela era prima direita do meu pai. Lembro-me muito bem da sua irmã mais velha, Lily, uma senhor alta, triste, que os meus pais costumavam visitar numa casita algures no noroeste de Londres. Há muito que perdemos o contacto, e é uma pena.

Lembro-me sempre das irmãs Avegael (havia uma irmã do meio, Bella) quando me pergunto – ou me perguntam – o que significa ser judeu. Não há uma resposta generalista para a pergunta: é sempre a questão do que significa para mim ser judeu – algo muito diferente do que significa para outros judeus. Para quem está de fora, estas preocupações são um mistério. Um protestante que não acredite nas Escrituras, um católico que renegue a autoridade do Papa em Roma ou um muçulmano para quem Maomé não é o Profeta: tudo isto são categorias incoerentes. Mas um judeu que rejeite a autoridade dos rabinos continua a ser judeu (quanto mais não seja por causa da própria definição matrilinear do rabino): quem é que lhe vai dizer o contrário?

Rejeito a autoridade dos rabinos – de todos eles (e para o fazer tenho do meu lado a autoridade rabínica). Não participo na vida da comunidade judaica, nem cumpro os rituais judaicos. Não faço especial questão de conviver com judeus – e na maioria das vezes não casei com eles. Não sou um judeu «não praticante», pois antes de mais nunca me submeti aos requisitos. Não «adoro Israel» (seja na aceção moderna ou no sentido genérico original de adorar o povo judaico) e não me importa que o sentimento seja recíproco. Mas sempre que alguém me pergunta se sou ou não judeu, respondo sem hesitar pela afirmativa e teria vergonha de dizer o contrário.

O paradoxo aparente desta condição tornou-se-me mais claro desde que cheguei a Nova Iorque: aqui, as curiosidades da identidade judaica estão mais destacadas. A maioria dos judeus que conheço não está especialmente bem informada sobre a cultura ou história judaicas; não falam iídiche nem hebraico, não se importam com isso, e raramente vão a cerimónias religiosas. Quando vão, comportam-se de modos que me parecem curiosos.

Pouco depois de chegar a Nova Iorque, fui convidado para um *bar mitzvah*. Quando ia para a sinagoga, percebi que me esquecera do chapéu e voltei a casa para o ir buscar – para vir a descobrir que já ninguém cobria a cabeça durante a pretensa cerimónia religiosa, breve e parca. É verdade que era numa sinagoga «reformista» e que eu já deveria saber como era: os judeus reformadores (conhecidos em Inglaterra como «liberais») há mais de um século que, por opção, destapam a cabeça na sinagoga. Ainda assim, o contraste entre o cumprimento insincero do ritual e o afastamento seletivo das tradições estabelecidas pareceu-me na altura, e parece-me hoje, uma pista para a qualidade compensatória da identidade judaica americana.

Há uns anos fui a um jantar de gala de beneficência, em Manhattan, com celebridades das artes e do jornalismo. A meio da cerimónia, um homem de meia idade debruçou-se sobre a mesa e fitou-me intensamente: «É o Tony Judt? Tem de deixar de escrever essas coisas horríveis sobre Israel!» Já calejado para estes interrogatórios, perguntei-lhe o que havia de tão terrível no que eu tinha escrito. «Não sei. Pode ter razão – nunca fui a Israel. Mas nós, judeus, temos de nos manter unidos: um dia podemos precisar de Israel». O regresso do antissemitismo eliminacionista era apenas uma questão de tempo. Nova Iorque podia tornar-se impossível.

Acho estranho – e disse-lho – que os judeus americanos tenham comprado um seguro territorial no Médio Oriente com medo que regressemos à Polónia de 1942. Mas mais curioso ainda era o contexto para esta conversa: nessa noite, a esmagadora maioria dos laureados era judia. Os judeus na América são mais bem-sucedidos, integrados, respeitados e influentes do que em qualquer lugar ou época na história da comunidade. Porque é que a identidade judaica contemporânea nos EUA está tão obsessivamente ligada à recordação – e antecipação – do seu próprio desaparecimento?

Se Hitler nunca tivesse acontecido, o judaísmo podia muito bem ter entrado em desintegração. Com a rutura do isolamento judaico durante a parte final do século XIX em grande parte da Europa, os limites religiosos, comunitários e ritualísticos do judaísmo foram-se erodindo: séculos de ignorância e separação mútua estavam a chegar ao fim. A assimilação – através da migração, do casamento e da diluição cultural – já ia bem avançada.

Em retrospetiva, as consequências temporárias podem ser confusas. Na Alemanha, muitos judeus consideravam-se alemães – e objeto de melindre por essa mesma razão. Na Europa Central, em especial no triângulo urbano, não representativo, de Praga-Budapeste-Viena, uma *intelligentsia* judaica secularizada – influente nas profissões liberais – estabeleceu a base característica para a vida judaica pós-comunitária. Mas o mundo de Kafka, Kraus e Zweig estava a fragmentar-se: como dependia das circunstâncias únicas de um império liberal que se desagregava, estava impotente perante a tempestade do etnonacionalismo. Para os que procuravam as raízes culturais, pouco oferecia além de arrependimento e nostalgia.

Vejo isto na minha própria família. Os meus avós saíram do *shtetl* para ambientes estranhos e pouco amistosos – uma experiência que temporariamente reforçou uma autoconsciência defensiva judaica. Mas para os seus filhos, esses mesmos ambientes representavam a vida normal. A geração dos meus pais de judeus europeus negligenciou o iídiche, frustrou as expetativas das suas famílias imigrantes e recusou, com desprezo, os rituais comunitários e as restrições. Em finais da década de 30 do século XX, era razoável supor que os seus próprios filhos – a minha geração – ficaria com pouco mais do que um punhado de memórias do «velho país»: algo do género da nostalgia da *pasta* e do Dia de São Patrício dos italo-americanos e dos irlandeses-americanos, e com o mesmo significado.

Mas afinal as coisas resultaram de maneira diferente. Uma geração de jovens judeus emancipados, muitos dos quais se haviam ternamente imaginado integrados num mundo pós-comunitário, foi violentamente reintroduzida no judaísmo como identidade cívica, uma identidade que não podiam recusar. A religião – outrora o fundamento da experiência judaica – foi afastada ainda mais para a margem. Na esteira de Hitler, o sionismo (até então a preferência sectária de uma minoria) tornou-se uma opção realista. A judeidade tornou-se um atributo secular, conferido externamente.

Desde então, a identidade judaica na América contemporânea tem tido uma curiosa qualidade de *dybbuk*(*): continua a viver através de uma experiência dupla quase mortal. O resultado é a sensibilidade a um sofrimento passado que pode parecer desproporcionada mesmo a outros judeus. Pouco depois de publicar um ensaio sobre o futuro de Israel, fui convidado para ir a Londres, para uma entrevista com o *The Jewish Chronicle* – o jornal judaico local de referência. Fui algo ansioso, antecipando mais calúnias por causa da minha identificação imperfeita com o Povo Eleito. Para minha surpresa, a editora desligou o microfone: «Antes de começarmos», começou ela, «queria perguntar-lhe uma coisa. Como é que consegue viver no meio daqueles judeus americanos horríveis?»

E contudo, apesar disso, talvez esses «judeus americanos horríveis» tenham percebido algo. Pois o que pode querer dizer – na sequência do declínio da fé, da diminuição da perseguição e da fragmentação da comunidade – a insistência na nossa judeidade? Um Estado «judaico» onde não se faz tenção de viver e cuja elite intolerante exclui cada vez mais judeus do reconhecimento oficial? Um critério de filiação «étnico» que nos envergonharia se o invocássemos para qualquer outro fim?

Houve uma altura em que ser judeu era uma condição que se vivia. Hoje em dia, nos EUA a religião já não nos define: só 46 por cento dos judeus pertencem a uma sinagoga, apenas 27 por cento lá vão uma vez por mês, e dos membros das sinagogas, 21 por cento são ortodoxos

---

(*) No folclore judaico, a alma errante de um morto que se apodera do corpo de alguém que está vivo e cujo comportamento controla. (*N.T.*)

(dez por cento no total). Em suma, os «velhos crentes» são uma minoria([1]). Os judeus dos tempos modernos vivem de uma memória preservada. Ser judeu consiste essencialmente em lembrarmo-nos do que em tempos significava ser judeu. Na verdade, de todas as injunções rabínicas, a mais perene e característica é *Zakhor!* – Lembrai-vos! Mas a maioria dos judeus interiorizou esta injunção sem qualquer noção concreta do que ela exige deles. Somos o povo que se lembra... de algo.

Então, de que é que nos devíamos lembrar? Das panquecas da bisavó em Pilvistock? Duvido: desprovidas de contexto e símbolos, não são mais do que bolos. As histórias de infância sobre o terror dos cossacos (lembro-me muito bem delas)? O que poderia isto dizer a uma geração que nunca conheceu um cossaco? A memória é fraca fundação para qualquer empresa coletiva. Sem repetição contemporânea, a autoridade da injunção histórica torna-se obscura.

Neste sentido, os judeus americanos instintivamente têm razão em entregarem-se à sua obsessão com o Holocausto: confere-lhes referência, liturgia, exemplo e instrução moral – assim como proximidade histórica. E contudo estão a cometer um erro terrível: confundiram um meio de o lembrar com a razão para o fazer. Será que não há melhor razão para sermos judeus do que Hitler querer exterminar os nossos avós? Se não conseguirmos transcender estas considerações, os nossos netos não terão muito com que se identificar connosco.

Em Israel, nos dias de hoje, o Holocausto é oficialmente invocado como recordação de quão odiosos

---

([1]) Ver o censo sobre a população judaica [National Jewish Population Survey], 2000-01, p. 7; < http://www.jewishfederation.org/getfile.asp.?id=3905 >

podem ser os não-judeus. A sua comemoração na diáspora é explorada duplamente: para justificar a israelofilia intransigente e como veículo para o amor-próprio lacrimoso. Isto parece-me um abuso vicioso da memória. Mas, e se o Holocausto, ao invés, servisse para nos aproximar, na medida do possível, de um verdadeiro entendimento da tradição que evocamos?

Neste caso, lembrar torna-se parte de uma obrigação social mais lata, que não está, de todo, confinada aos judeus. Já reconhecemos prontamente os nossos deveres para com os nossos contemporâneos; e as nossas obrigações para com os que nos precederam? Falamos sem hesitação daquilo que devemos ao futuro – mas, e a nossa dívida para com o passado? Exceto através de modos práticos grosseiros – preservando instituições ou edifícios –, só podemos pagar essa dívida por completo lembrando-nos e transmitindo a terceiros o dever de recordar.

Ao contrário do meu companheiro de mesa, não espero que Hitler regresse. E recuso-me a recordar os seus crimes como ocasião para acabar com uma conversa: para reembalar a judeidade como indiferença defensiva à dúvida ou à autocrítica e a refugiar-me na autocomiseração. Opto por invocar o passado judaico que é insensível à ortodoxia: que enceta conversas em vez de acabar com elas. O judaísmo, para mim, é a sensibilidade de uma introspeção coletiva e do incómodo de dizer a verdade: a qualidade de *dafka*([2]) da estranheza e dissensão por que fomos em tempos conhecidos. Não basta estarmos nas franjas relativamente às convenções de outros povos; devemos também ser os críticos mais inclementes das nossas. Sinto que tenho uma dívida de

---

([2]) *Dafka*: contrária.

responsabilidade para com o passado. É por isso que sou judeu.

Toni Avegael foi levada para Auschwitz em 1942 e morta com gás, por ser judia. O meu nome próprio é em honra dela.

Estância final

XXV

MONTANHAS MÁGICAS

Não se deveria gostar da Suíça. Expressar afeição pelos suíços ou pelo seu país é o mesmo que nos confessarmos nostálgicos dos tempos em que se fumava ou por séries de televisão como *The Brady Bunch*. Cataloga-nos de imediato como alguém simultaneamente de uma ignorância imperdoável sobre os desenvolvimentos dos últimos 30 anos e incuravelmente convencional, no pior sentido. Sempre que manifesto o meu fraquinho pelo sítio, os mais jovens ficam educadamente estupefactos, os meus colegas liberais olham para mim com ar de reprovação («Não *sabes* o que aconteceu na guerra?»), e a minha família sorri, compreensiva: Oh, outra vez *isso*! Não me importo. Adoro a Suíça.

Quais são as objeções? Bem, Suíça significa montanhas. Mas se é Alpes que quer, os franceses têm-nos mais altos, come-se melhor na Itália, e a neve é mais barata na Áustria. E, o pior de tudo, as pessoas são mais simpáticas na Alemanha. Quanto aos próprios suíços, «amor fraterno, 500 anos de paz e democracia, e o que nos deram? O relógio de cuco».

Ainda há pior. A Suíça lucrou bastante com a II Guerra Mundial – ao comerciar com Berlim e a lavar bens pilhados. Foram os suíços a instar Hitler a que marcasse os passaportes dos judeus com um «J» – e quem, num ato embaraçoso de chauvinismo reincidente, acabaram de votar que se proibisse a construção de minaretes (num país que só tem quatro e onde a maioria dos muçulmanos são refugiados bósnios seculares). Depois, temos a fuga aos impostos, embora eu nunca tivesse percebido muito bem porque é que aquilo que os bancos suíços fazem para uns quantos criminosos estrangeiros é bastante pior do que aquilo que a Goldman Sachs fez com os lucros de milhões de dólares de impostos honestos norte-americanos.

Então, porque gosto dela? Em primeiro lugar, o país tem a virtude dos seus defeitos. Chato? Com certeza. Mas chato também pode querer dizer seguro, arrumado, limpo. Há uns anos, fui de avião até Genebra com o meu filho mais velho, na altura com nove anos. Quando chegámos, dirigimo-nos para a estação de comboios – uma daquelas que os suíços, sempre chatos, constroem logo por baixo dos seus aeroportos – e sentámo-nos num café à espera do comboio. «É tão limpo!», disse o miúdo. E era: intrusivamente imaculado. Se se vier de Singapura ou do Liechtenstein, não se nota – mas não para um miúdo habituado ao JFK e cuja única experiência de um aeroporto europeu até então se restringira ao centro comercial de mau gosto de Heathrow.

Os suíços são obcecados pelo asseio. Uma vez, num comboio para Interlaken, fui repreendido por uma senhora de idade por ter posto, por instantes, a parte de fora do pé na esquina do lugar à minha frente. Em Inglaterra, onde ninguém teria reparado ou ficado escandalizado, poderia ter ficado surpreendido por esta interferência audaz. Mas na Suíça apenas me senti envergonhado por ter quebrado um código cívico tão óbvio – uma vez que eu estava implicado na responsabilidade partilhada pelo bem público. É irritante ser posto na ordem pelos nossos concidadãos, mas, a longo prazo, a sua indiferença insensível é muito pior.

A Suíça é um exemplo espantoso das possibilidades – e, por isso, dos benefícios – das identidades mescladas. Com isto não me refiro à mistura de línguas (alemão, francês, italiano, romanche) ou a impressionante – ainda que amiúde esquecida – variedade topográfica. Refiro-me ao contraste. Tudo na Alemanha é eficiente, e por isso não há variedade para alimentar a alma. A Itália é constantemente interessante: não temos descanso. Mas a Suíça está cheia de contrastes: eficiente mas provinciana; bela mas insípida; hospitaleira mas sem encanto – pelo menos para os estrangeiros de quem depende para tanto do seu bem-estar.

O contraste que mais importa é o que existe entre o brilho instável à superfície e as profundezas estáveis que lhe estão subjacentes. Há uns verões, fiz uma viagem até ao cume do Klein Matterhorn, uma estância de esqui muito popular, acima de Zermat. Ali, nas encostas soalheiras – a decorar os bancos de um restaurante estupidamente caro – havia miúdas italianas em microquínis e botas de pele a par de russos de rosto grave transportados de helicóptero até ao cume e com equipamento do melhor. A Suíça no seu pior.

E então, como que vindos do nada, três velhotes viraram a esquina: enchouriçados em pele e lã, com os rostos corados, delicados, e chapéus de bom gosto. Com os seus cajados de caminheiro nas mãos firmes, deixaram cair os traseiros, substanciais, num banco e desapertaram as botas. Sublimamente indiferentes à *dolce vita* que decorria ao seu redor, os montanheiros enrugados elogiaram-se uns aos outros num *Switzerdeusch* incompreensível sobre o que deve ter sido uma subida penosa – e, todos transpirados, pediram três cervejas à empregada jovial de corpete branco: a boa Suíça.

Nos anos 50, os meus pais e eu fizemos uma série de viagens à Suíça. Foi no breve momento incidental de prosperidade que tivemos. De qualquer forma, na altura a Suíça não era assim tão cara. Creio que aquilo que me impressionou, como criança, foi a *regularidade* ordenada de tudo. Geralmente chegávamos via França, que naqueles tempos era um país pobre, decrépito. Nas vilas francesas ainda havia casas esburacadas dos obuses, e os anúncios ao Dubonnet estavam gastos e a cair. A comida era boa (até um miúdo de Londres percebia isso), mas os restaurantes e os hotéis tinham um ar abatido, delapidado: barato e sombrio.

Então, cruzávamos a fronteira, quase sempre num desfiladeiro ou num cume fustigado pelo vento e cheio de neve... e entrávamos numa terra de *chalets* de bom gosto, cobertos de flores, ruas ordenadas, lojas com um ar próspero e cidadãos elegantes e contentes. A Suíça parecia intacta pela guerra que ainda agora terminara. A minha infância foi a preto e branco, mas a Suíça era a cores: vermelho e branco, castanho e verde, amarelo e dourado. E os hotéis! Os hotéis suíços da minha juventude faziam lembrar o cheiro a pinho fresco, como se tivessem saltado organicamente das florestas envolventes. Havia madeira quente e sólida por todo o lado: portas de madeira espessas, escadarias apaineladas em madeira, camas firmes de madeira, relógios estridentes de madeira.

As salas de jantar tinham janelas panorâmicas amplas, flores e toalhas de um branco vivo em abundância – e, embora isto não possa ser verdade, quando penso nisso parece-me que nunca estava ninguém por perto. É claro que eu nunca tinha ouvido falar de Claudia Chauchat; mas mais tarde imaginá-la-ia a entrar silenciosamente numa dessas salas de jantar, prescrutando as mesas com os seus olhos escuros, enquanto eu – qual Castorp –, em silêncio, lhe rogava que se me juntasse. Na verdade, os meus companheiros eram dois casais imperturbáveis já de alguma idade: a Suíça deixa-nos sonhar, mas só até certo ponto.

A memória prega-nos partidas. Sei que passámos sempre as nossas férias no *Oberland* bernense, na Suíça de língua alemã. Contudo, eu associo afetuosamente o país aos meus primeiros esforços balbuciantes para falar francês: escolher chocolate, pedir ajuda para dar com o caminho, aprender a esquiar. E comprar bilhetes. Para mim, a Suíça teve sempre a ver com comboios: as suas virtudes características estão apelativamente contidas num pequeno museu dos transportes mesmo à saída de Lucerna. Aqui, ficamos a conhecer o primeiro comboio elétrico do mundo: os primeiros túneis ferroviários e tecnicamente mais perfeitos; a linha férrea mais alta da Europa – culminando no impressionante Jungfraujochbahn que é levado pelo coração do Eiger acima e termina numa estação a 3704 metros acima do nível do mar.

Curiosamente, os suíços nunca se perturbam com aquilo a que os caminhos-de-ferro britânicos chamam «o tipo errado de folhas» – ou, na verdade, o tipo errado de neve. Tal como os pequenos homens da montanha subiram o intimidante Klein Matterhorn com um ar despreocupado, também os comboios que os seus bisavós construíram há décadas sobem cima-abaixo, sem esforço, de Brig a Zermatt, de Chur a St. Moritz, de Bex a Villars.

Em Andermatt, epicentro do país onde os rios Reno e Rhône saem, encapelados e glaciais, da solidez das suas montanhas, os *transalpini* Milão-Zurique cortam pelas montanhas Gotthard adentro, enquanto centenas de metros acima o Expresso Glacier percorre os seus trilhos numa linha férrea de cremalheira, aterradora, aos ziguezagues, na sua ascensão vertiginosa até muito acima do teto da Europa. Já é suficientemente duro navegar por estas estradas de carro, quanto mais de bicicleta ou a pé. Como é que as construíram? Quem é esta gente?

As minhas memórias mais felizes são de Mürren. Fomos lá pela primeira vez quando eu tinha oito anos: uma vila intacta, a meio caminho do maciço de Schilthorn, onde só se conseguia chegar por locomotiva de cremalheira ou teleférico. Demora uma eternidade – e pelo menos quatro comboios – para se lá chegar, e pouco há para fazer quando ali chegamos. A comida não é nada de especial e para fazer compras é pouco empolgante, no mínimo.

O esqui, pelo que me dizem, é muito bom: as caminhadas são de certeza. As vistas – através de um vale profundo e até à cordilheira Jungfrau – são espetaculares. A coisa mais parecida com entretenimento é a chegada e a partida, à hora exata, do comboio com uma só carruagem que contorna o flanco da montanha até ao *funiculaire*. O som elétrico *woosh* que faz quando arranca da estação minúscula e o som abafado, tranquilizador, dos carris, é o que na aldeia mais se parece com poluição sonora. Com o último motor a salvo no hangar, o planalto fica em silêncio.

Em 2002, após uma operação a um cancro e um mês de radiação intensa, levei a família outra vez a Mürren. Pareceu-me que os meus filhos, na altura com oito e seis anos, estavam a viver o sítio como eu o vivera, mesmo tendo nós ficado num hotel bastante melhor. Beberam chocolate quente, treparam por campos de montanha cobertos de flores e pequenas cascatas, ficaram deslumbrados a olhar para o grande Eiger – e adoraram a pequena linha férrea. A não ser que estivesse muito enganado, Mürren não mudara nada e ainda não havia nada para fazer. Paraíso.

Nunca pensei em mim como sendo uma pessoa com raízes. Nascemos por acaso numa cidade e não noutra e durante as nossas vidas errantes passamos por várias casas temporárias – pelo menos é assim que tem sido comigo. A maioria dos sítios tem memórias mistas: não consigo pensar em Cambridge ou Paris ou Oxford ou Nova Iorque sem me lembrar de um caleidoscópio de encontros e experiências. O modo como me lembro deles varia com a minha disposição. Mas Mürren nunca muda. Nunca nada ali correu mal.

Há uma espécie de trilho que vai a par da pequena via férrea. A meio caminho há um cafezinho – a única paragem na linha – onde servem comida típica suíça. Mais à frente, a montanha desce a pique sobre o vale, em baixo. Atrás, podemos trepar até aos celeiros de verão com as vacas as cabras e os pastores. Ou podemos apenas esperar pelo próximo comboio: pontual, previsível e exato ao segundo. Nada acontece: é o sítio mais feliz do mundo. Não podemos escolher onde começar a nossa vida, mas podemos acabar onde quisermos. Sei onde estarei: a ir a lado nenhum em especial naquele pequeno comboio, para todo o sempre.